Mein neues Leben - Amerika
Julia Krausen

Der Ratgeber zum Einwandern, Leben und Arbeiten in Amerika

> *Es ist so anders hier. ich sollte mich tunlichst an die Eigenart der Amerikaner gewöhnen - Zeit spielt kaum eine Rolle. Die Menschen leben planlos in den Tag hinein. Es kommt wie es eben kommt. der Auftrag. Die Sonne. Der Regen. (Auszug aus meinem Internetblog, April 2007)*

In die USA? - Niemals!

Dies war meine Grundhaltung. Zunächst. Ich schüttelte den Kopf, wenn Menschen mir vorschwärmten, wie schön Amerika ist, den Hype konnte ich nicht nachvollziehen.

Ein halbes Jahr später änderte sich mein Leben nach einem Anruf. Ich durfte beruflich nach Amerika. In vier Wochen brach ich die Zelte in Deutschland ab.

Im „Sunshine-State" Florida angekommen wurde mir klar, dass der US-Arbeitsalltag härter ist als der in Deutschland. Meer und Sonne entschädigten das jedoch und wurden zu meinem Anker.

Dieser Ratgeber wird Ihnen Informationen über Amerika geben und Sie vom ersten Gedanken der Auswanderung bis hin zum ersten Schritt begleiten.

Ich wünsche Ihnen Erfolg, Kreativität und Geduld. Was Sie in den USA erleben, liegt in Ihrer Hand!

Ihre Julia Krausen

ISBN 978-3-86551-150-8
1. Auflage 2009

"Mein neues Leben" ist eine lizensierte Marke von kabel eins.
Lizenz durch: MM MerchandisingMedia GmbH, Medienallee 9,
85774 Unterföhring, Tel.: 089/95078600, Fax: 089/95078700, e-mail:
info@merchandisingmedia.com, www.merchandisingmedia.com,
[Änderung vorbehalten]

Printed in Germany
Gedruckt auf chlorfrei gebleichtem Papier

Copyright © 2009

Verlag Rat & Reise GmbH
Memeler Straße 30, 42781 Haan
www.rat-reise.de
E-Mail: redaktion@rat-reise.de

Autorin: Julia Krausen

Lektorat: Petra Frank (www.wortkontakt.de)

Satz: rent a mind GmbH (www.rent-a-mind.de)

Projektleitung: Sandro Lucifora

Fotos: Julia Krausen, Isabella Filocha, Fotolia.com

Bibliografische Information

Die Deutsche Bibliothek verzeichnet diesen Titel in der Deutschen Nationalbibliografie; detaillierte bibliografische Daten sind im Internet unter http://dnb.ddb.de abrufbar.

Wichtiger Hinweis

Alle Angaben zu diesem Buch wurden von der Autorin mit größter Sorgfalt erarbeitet, zusammengestellt und unter Einschaltung wirksamer Kontroll-Maßnahmen reproduziert. Dennoch sind Fehler nicht ganz auszuschließen. Der Verlag weist deshalb darauf hin, dass weder eine Garantie für die Richtigkeit der in diesem Buch erfolgten Angaben noch die juristische Verantwortung oder irgend eine Haftung für Folgen, die auf fehlerhafte oder unvollständige Angaben zurückgehen, übernommen werden kann. Für einen Hinweis auf eventuelle Fehler ist der Verlag jederzeit dankbar.

Inhaltsverzeichnis

Einführung

Über die USA

Die Vereinigten Staaten von Amerika (United States of America, USA) ist flächenmäßig nach Russland und Kanada der drittgrößte Staat der Erde und nach dem Sieg über den Faschismus in Europa und dem Zerfall der UdSSR die einzig verbliebene Supermacht.

⚕ Staaten

Die USA bestehen aus insgesamt 50 Bundesstaaten. 48 der Staaten ergeben zusammenhängend eine große Fläche. Die anderen beiden Staaten, Alaska und Hawaii, sind mit den anderen Staaten geografisch nicht verbunden. Weiterhin zählen die US-Territorien Puerto Rico, U.S. Virgin Islands, American Samoa, Guam und Northern Mariana Islands zu den USA.

⚕ Regionen der USA

» Neuengland (New England):
Connecticut, Maine, Massachusetts, New Hampshire, Rhode Island, Vermont

» Mitte-Atlantik-Staaten
(Mid Atlantic States):
New Jersey, New York, Pennsylvania, Delaware, Maryland, Virginia, West Virginia

» Südstaaten (Southern States):
Alabama, Arkansas, Florida, Georgia, Louisiana, Mississippi, North Carolina, South Carolina, Tennessee, Virginia, West Virginia

» Mittlerer Westen (Mid West States):
Illinois, Indiana, Iowa, Kansas, Michigan, Minnesota, Missouri, Nebraska, North Dakota, Ohio, South Dakota, Wisconsin

» Rocky-Mountain-Staaten
(Rocky Mountain States):
Colorado, Idaho, Montana, Nevada, Utah, Wyoming

» Südwest-Staaten (Southwest States):
Arizona, New Mexico, Oklahoma, Texas

» Pazifik-Staaten (Pacific States):
California, Oregon, Washington

⚕ Zeitzonen der USA

Zeitzonen	Sommerzeit
EST(Eastern Standard Time)	MEZ -6
CST (Central Standard Time)	MEZ -7
MST (Mountain Standard Time)	MEZ -8
PST (Pacific Standard Time)	MEZ -9
Alaska	MEZ -10
Hawaii	MEZ -11

Die „Daylight Saving Time" (DST) bezeichnet die Sommerzeit in den USA. Sie beginnt in den meisten US-Staaten und -Territorien jedes Jahr um 2 Uhr morgens am zweiten Sonntag im März.
Alle Uhren werden um 1 Stunde vorgestellt.
Die DST gilt nicht in Hawaii, American

Über die USA

Samoa, Guam, Puerto Rico, den Virgin Islands und im Staate Arizona (mit der Ausnahme der Navajo Indian Reservation, die auf Sommerzeit umstellt). Arizona passt sich im Sommer der Pacific Time an.

Die Winterzeit (Normalzeit) wird in den USA mit „Standard Time" bezeichnet. Sie beginnt jedes Jahr um 2 Uhr morgens am ersten Sonntag im November. Die Uhren werden um 1 Stunde zurückgestellt.

⚓ Gesamtfläche

Die Gesamtfläche von den USA beläuft sich auf 9.809.125 qkm.

⚓ Nationalfeiertag der USA

Amerika feiert jährlich am 4. Juli seinen Nationalfeiertag (Independence Day). Am 4. Juli 1776 wurde die Unabhängigkeitserklärung der USA verabschiedet.

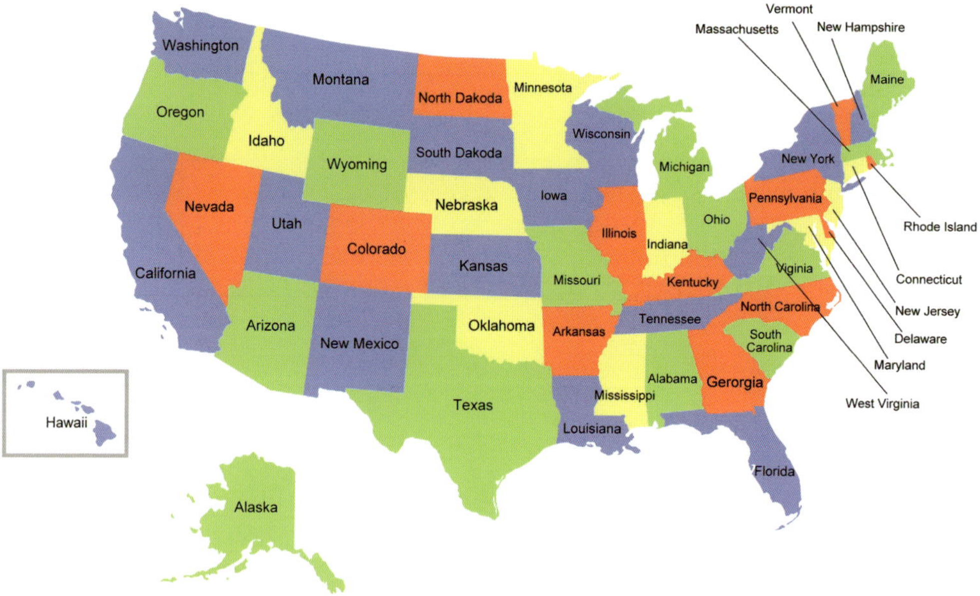

Washington — Montana — North Dakoda — Minnesota — Vermont — Massachusetts — New Hampshire — Maine — Oregon — Idaho — Wyoming — South Dakoda — Wisconsin — Michigan — New York — Rhode Island — Nevada — Utah — Nebraska — Iowa — Ohio — Pennsylvania — Connecticut — California — Colorado — Kansas — Illinois — Indiana — Kentucky — Viginia — New Jersey — Arizona — New Mexico — Oklahoma — Missouri — Tennessee — North Carolina — Delaware — Arkansas — South Carolina — Maryland — Alabama — Mississippi — Gerorgia — West Virginia — Texas — Louisiana — Florida — Hawaii — Alaska

Was sind US-Territorien?

Territorien sind Gebiete, die nicht Bundesstaat der Vereinigten Staaten sind, dennoch aber zu Amerika gehören. Die USA besitzen alle Souveranitätsrechte über diese Territorien. Territorien werden auch bundesunmittelbare Gebiete genannt. Zuletzt wurden 1959 die Territorien Alaska und Hawaii zu Bundesstaaten. Neue Gebiete können durch Kauf oder durch Annexion erworben werden.

Über die USA

✤ Einwohner

Die USA hat aktuell ca. 305 Millionen Einwohner.

✤ Hauptstadt

Washington DC ist mit ca. 589 Tausend Einwohnern Hauptstadt der Vereinigten Staaten.

✤ Präsident

Seit dem 20. Januar 2009 ist Barack Hussein Obama, Jr., geboren am 4. August 1961 in Honolulu, Hawaii, zum 44. Präsidenten der Vereinigten Staaten von Amerika. Obama ist promovierter Jurist und gehört der Demokratischen Partei an.

✤ Währung

Die amerikanische Währung ist der US-Dollar.

✤ Die fünf größten Städte

Zu den fünf größten Städten der USA zählen New York, Los Angeles, Chicago, Houston und Philadelphia.

✤ Flugzeit

Die Flugzeit von Frankfurt am Main nach New York beträgt ca. 8,5 Stunden. Die Flugzeit von New York nach Frankfurt am Main beträgt ca. 7,5 Stunden.

✤ Wahlspruch

Der Wahlspruch der Amerikaner lautet „In God We Trust" (Auf Gott vertrauen wir). Zweiter Wahlspruch ist der lateinische Ausdruck „e pluribus unum" (Aus vielen Eines), der sich unter anderem auf dem Siegel der Vereinigten Staaten befindet.

✤ Nationalhymne

Seit dem 3. März 1931 ist „The Star-Spangled Banner" (Das sternenbesetzte Banner) offizielle Nationalhymne der USA.

✤ Fauna

Amerika bietet ein vielfältiges Landschaftsbild. Das Klima reicht von subtropisch bis hin zu arktisch mit entsprechender Flora und Fauna. Amerika besitzt Waldgebiet, Mittelgebirge, Mangrovenwälder, Flusssysteme, weite Ebenen, trockene Wüsten, Küstengebirge, gemäßigte Regenwälder und Gebirgszüge.

Über die USA

⚘ Ferien und Hauptreisezeiten

Die offiziellen Ferien im Frühling (spring) sind im März, die Ferien im Sommer (summer) von Juni bis August

⚘ Mehr Wissenswertes über Amerika

» Landfläche der USA
9.161.924 km²

» Wasserfläche der gesamten USA
664.706 km²

» Höchste Erhebung
Berg Mount McKinley mit 6.194 m

» Niedrigster Punkt
Death Valley (Tal des Todes) mit -86 m

» Bevölkerungsdichte
31 Einwohner pro km²

» Rund 11,5 Prozent der US-Einwohner sind im Ausland geboren.

» Die im Ausland geborene Bevölkerung stammt zu 52 Prozent aus Latein-Amerika, zu 26 Prozent aus Asien, zu 14 Prozent aus Europa, zu 8 Prozent aus anderen Regionen.

» Ein großer Anteil der im Ausland geborenen Bevölkerung lebt in vier Staaten. 28 Prozent in Kalifornien, 11,8 Prozent in New York, 9,8 Prozent in Texas, 8,9 Prozent in Florida.

» Rund 25 Prozent der amerikanischen Bevölkerung hat deutsche Vorfahren

» Die meisten deutschstämmigen Amerikaner leben in Kalifornien, Pennsylvania, Ohio, Illinois oder Texas. Gewisse Landstriche der USA wurden im 19. Jahrhundert besonders von deutschen Auswanderern besiedelt. Heute werden die Bundesstaaten des amerikanischen Mittelwestens auch „German Belt" - (Deutscher Gürtel) genannt. Zum Deutschen Gürtel zählen Wisconsin, Michigan, Minnesota, Iowa, North und South Dakota sowie Nebraska.

» Regierungsform
präsidiale Republik mit balancierter Gewaltenteilung

» Kfz-Kennzeichen
USA

» Telefonvorwahl
+1 beziehungsweise 001

US-Maßeinheiten

Längeneinheiten
inch (Zoll)............ 1 inch = 2,54 cm
foot (Fuß).............1 foot = 0,30 m
yard (Schritt)........ 1 yard = 0,91 m
mile (Meile).......... 1 mile = 1,61 km

Gewichtseinheiten
pound (Pfund) .....1 pound = 454 Gramm

Temperatureinheit
Fahrenheit............0 °C = 32 °F

Über die USA

» Internet-Top-Level-Domains
„.us", „.gov", „.mil" und „.edu"

» US-Parlament
Kongress mit zwei Kammern, bestehend
aus Senat und Repräsentantenhaus

» US-Gewerkschaften
„AFL-CIO" (Zusammenschluss
von 66 Einzelgewerkschaften),
Change-to-Win-Koalition (Zusammenschluss von sieben Einzelgewerkschaften)

» US-Verwaltungsstruktur
Bundesstaat mit Bundes- (Federal),
Landes- (State), Kreis- (County) und
Gemeindeverwaltung (local)

» US-Mitgliedschaften in internationalen
Organisationen:
Vereinte Nationen (Gründungsmitglied),
NATO, Organisation der amerikanischen
Staaten OAS, OECD

Einwanderung

Einreisebestimmungen

Die USA sind nicht wie jedes andere Land – doch wem erzähle ich das? Zur Einreise reicht der Reisepass alleine nicht aus – nein, denn die USA wollen mehr. Extremer wird es dann beim tatsächlichen Einwandern. Die Bestimmungen sind hart und wer sie nicht einhält kann es gut erleben, am Flughafen zurückgeschickt zu werden.

☙ Das Visum oder die Greencard

Der Weg in die Staaten erfordert Geduld, Zeit und Management, sofern Sie nicht zu den Glücklichen gehören, die bereits eine Greencard – die uneingeschränkte Arbeits- und Aufenthaltserlaubnis – für die Staaten in der Tasche haben.

Konnten Sie die Greencard nicht schon in Deutschland bekommen, zum Beispiel durch die bekannte Greencard-Lotterie, müssen Sie sich um ein reguläres Einwanderungsvisum bemühen. Dazu sollten Sie vorher wissen, ob Sie ein Permanent-Visum bekommen können oder eventuell erst mal nur auf Zeit auf den nordamerikanischen Kontinent dürfen.

Vorab: Wenn Ihr polizeiliches Führungszeugnis nicht durch Leere glänzt, müssen Sie direkt zu Hause bleiben. - Ich hoffe, Sie waren immer brav.

Der feine Unterschied

In das Nichteinwanderungsvisum (Non Permanent Visa) und das Einwanderungsvisum (Permanent Visum) klassifiziert die USA die Berechtigung zum Aufenthalt.

Das Non Permanent Visum benötigen Sie, wenn Sie vorhaben, die Staaten längere Zeit zu erkunden, danach aber wieder nach Deutschland möchten - was zum Beispiel bei einer Ausbildung, einer Probearbeit oder einem Praktikum der Fall ist.

In diesem Ratgeber fokussieren wir uns auf das Permanent Visum, da dieses die einzige Grundlage für das endgültige Auswandern ist und Ihren Aufenthalt in den Staaten dauerhaft genehmigt. Dieses Visum ist allgemein als Greencard bekannt.

☙ Greencard

Die „Greencard" (permanent resident card) gilt als offizielles Einwanderungsvisum mit unbefristeter Aufenthalts- und Arbeitserlaubnis. Schon über zehn Millionen Ausländer haben mit der Greencard den Sprung über den Teich gemacht und sind rechtmäßig dauerhafter Einwohner (lawful permanent resident). Vielleicht sind Sie ja der Nächste?

Das Visa Bulletin – die wichtige Liste für Einwanderer

Das Visa Bulletin ist die vom U.S. Department of State veröffentlichte Liste, in der alle nötigen Voraussetzungen zu finden sind, die Sie als Einwanderer in die Staaten erfüllen müssen. Sie finden diese Liste, die ständig aktualisiert wird, auf der entsprechenden Internetseite www.state.gov.

Einreisebestimmungen

Wer seine Greencard nicht direkt durch die Lotterie gewinnt, muss zu einem von den USA definierten Personenkreis gehören, den ich nachfolgend beschreibe.

Besonders qualifizierte Personen bekommen mit oder ohne Arbeitsverhältnis eine Aufenthaltserlaubnis. Auch Verwandte und Ehepartner von in den USA ansässigen Personen können sich so qualifizieren.

Sollten Sie sich auf folgender Liste wiederfinden, steht der Greencard, nach heutigem Stand, nichts im Wege.

Kategorie EB-1: Personen von nationalem Interesse für die USA
Damit sind hoch qualifizierte Menschen mit außergewöhnlichen Fähigkeiten auf Gebieten wie der Wissenschaft, Kunst, Bildung, Wirtschaft oder dem Sport gemeint. Oder auch hervorragende Professoren, Forscher, Manager und Führungskräfte der multinationalen Wirtschaft. Internationale Auszeichnungen in einem der genannten Bereiche sind ein wunderbares Mittel, um diesen Status zu bekräftigen. Es muss dabei nicht nachgewiesen werden, dass ein amerikanischer Arbeitgeber zur Verfügung steht.

Kategorie EB-2: Personen mit besonderen Fähigkeiten
Vielleicht zählen Sie zu den Personen des gehobenen Berufsstandes mit Hochschulabschluss oder zu den Personen mit besonderen Fähigkeiten in den Bereichen Wissenschaft, Kunst oder einem speziellen geschäftlichen Gebiet? Voraussetzung hierfür ist ein Arbeitsplatzangebot eines US-Arbeitgebers und die Prüfung vorab, ob sich für den Job kein Amerikaner findet.

Kategorie EB-3: Akademiker, qualifizierte Fachkräfte, sonstige Arbeitnehmer
Nur nach Prüfung des US-Arbeitsmarktes, aus der hervorgehen muss, dass kein amerikanischer Arbeitnehmer zur Verfügung steht, dürfen Sie sich, sofern Sie einen höheren Schulabschluss oder zweijährige Berufserfahrung mitbringen, dazuzählen. Sollten Sie keine besondere Ausbildung für den Job mitbringen, dauert es sehr lange, bis Ihnen eine Greencard ausgehändigt wird.

Kategorie EB-4: Kirchliche Mitarbeiter
Wenn Sie in Deutschland mehr als zwei Jahre eine kirchliche Tätigkeit ausübten, ist die Möglichkeit groß, eine Greencard zu bekommen. Mitarbeiter, die in Kirchen- oder Glaubensgemeinschaften tätig sind, sind in den Staaten immer gern gesehen. Vor allem, da die Definition von „Glaubensgemeinschaften" ziemlich großzügig und allgemein ausgelegt wird. Im Groben ist damit jede religiöse Gruppierung gemeint, die in den Staaten und in Deutschland aktiv ist.

Einreisebestimmungen

Kategorie EB-5: Investoren

Mit Kapital kommen Sie überall weiter, besonders in Amerika. Wenn Sie 500.000 bis .000.00 Dollar besitzen und ein neues Wirtschaftsunternehmen in den Staaten aufbauen, in dem Sie zehn oder mehr Arbeitsplätze für Nicht-Verwandte schaffen, sind Sie herzlich willkommen. Sie bekommen zwar erst nur eine Greencard über zwei Jahre ausgestellt. Aber wenn alles wie geplant funktioniert hat, dürfen Sie danach für immer bleiben.

❧ Einwanderung über Verwandte

Verwandte von US-Bürgern

Eltern, Kinder und Geschwister haben Glück. Sie bekommen die Karte schon aufgrund des Verwandtschaftsverhältnisses. Leider gilt das nicht für Verwandte zweiten Grades. Im Übrigen sind die Wartezeiten für Geschwister und Kinder über 21 Jahren in der Regel viel länger als die für die Eltern. Es gibt Fälle, in denen Verwandte bis zu 20 Jahre warten mussten, um endlich nachreisen zu können

Verwandte von Greencard-Inhabern

Wenn Ihr Verwandter eine Greencard besitzt und nach fünf Jahren USA-Aufenthalt seine US-Staatsbürgerschaft beantragt, darf er nicht nur alle seine unverheirateten Kinder rüberholen, sondern in der Regel auch andere Familienmitglieder.

Ehepartner von US-Bürgern oder Greencard-Inhabern

US-Bürger und Greencard-Inhaber sind berechtigt, den Ehegatten mit in die USA zu nehmen. Leider müssen Sie als Ehegatte manchmal bis zu fünf Jahre darauf warten. Ganz schön gemein. Aber Liebe macht wohl zwangsläufig geduldig.

❧ Arbeitsvisa (Nichteinwanderungsvisa)

Wer nicht von vornherein zum erlauchten Kreis der Greencard-Empfänger gehört, muss seinen Traum nicht begraben. Versuchen Sie es dann erst mal mit den USA auf Zeit und beantragen ein zunächst zeitlich begrenztes Visum, welches

Mit dem Arbeitsvisum oder der Greencard in Ihrem Pass steht Ihnen einer Einreise und dem Aufenthalt in den USA nichts im Wege.

Einreisebestimmungen

später auch in eine Greencard, die zeitlich unbefristete Aufenthaltserlaubnis, getauscht werden kann.

Alle folgenden Ausführungen sind Nicht-Einwanderungsvisa und berechtigen Sie erst mal zum befristeten Aufenthalt.

» H1-B- Visum (Akademiker & Personen mit Spezialwissen)
Aufenthaltsdauer maximal sechs Jahre, Änderung in Daueraufenthalt möglich.

» H2-B-Visum (qualifizierte Arbeitnehmer)
Aufenthaltsdauer maximal drei Jahre, Änderung in Daueraufenthalt möglich.

» H-3-Visum (Trainee aus Politik oder Wirtschaft)
Aufenthaltsdauer beträgt maximal zwei Jahre.

» L-1- Visum (Job in eigener US-Filiale)
Aufenthaltsdauer beträgt maximal sieben Jahre.

» E-1- Visum (Personen/Firmen, die Handel aller Art über 50 Prozent mit den USA unterhalten und deren Mitarbeiter)
Änderung in Daueraufenthalt möglich.

» E-2- Visum (Unternehmensgründung oder –kauf durch Investition)
Aufenthaltsdauer maximal fünf Jahre, Änderung in Daueraufenthalt möglich.

» O-1- Visum (Personen mit außergewöhnlichen Fähigkeiten)

» P-Visum (anerkannte Sportler, Künstler)
Aufenthaltsdauer maximal ein Jahr, Änderung in Daueraufenthalt möglich.

» R-1- Visum (für Mitarbeiter in Religionsgemeinschaften)

» F-1- Visum (Studenten und Schüler)
Aufenthaltsdauer für gesamtes Studium.

» J-1- Visum (für Praktika und Austauschprogramme)

Die Greencard-Lotterie

Im Rahmen des „Diversity Visa Programmes - so nennt sich die Greencard-Lotterie offiziellwerden jährlich alleine für Deutsche bis zu tausend Greencards vergeben.

Doppelte Gewinnchance

Ehepaare sollten jeweils einzelne Anträge stellen. Die Wahrscheinlichkeit ist doppelt so hoch, eine der begehrten Karten zu ergattern! Die doppelte Bewerbung ist allerdings auch nur mit offiziellem Trauschein möglich.

Einreisebestimmungen

Anders als ein Lottoschein

Um bei der offiziell anerkannten DV-2010 US-Greencard-Lotterie mitmachen zu können, brauchen Sie einen Computer und ein digitales neues Passfoto. Mehr nicht. Was das Passfoto anbelangt, so gehen Sie lieber gleich zum Fotografen um die Ecke. Die Richtlinien für ein US-Passbild sind streng. Mittlerweile hat jeder deutsche Fotograf aber begriffen, worauf er achten muss. Sparen Sie nicht am falschen Ende, indem Sie glauben, das könnten Sie auch selbst.

Lesen Sie sich die offiziellen Teilnahmebedingungen in aller Ruhe durch. Danach können Sie alle wichtigen Dokumente ausfüllen. Lassen Sie sich dabei nicht stressen und gehen Sie sorgfältig vor. Bedenken Sie, dass Sie alle Informationen auf Englisch angeben müssen. Die Umlaute ä, ü oder ö sind hier fehl am Platz. Aus der Erfahrung wird fast jeder dritte Antrag abgelehnt, weil dieser entweder nicht fristgerecht abgegeben wird oder mit blöden kleinen Fehlern versehen ist. Das ist ärgerlich.

Sollten Sie sich unsicher sein, können Sie sich auch einer – kostenpflichtigen – Agentur bedienen, die für Sie alle Formalien in Ihrem Namen prüft, vornimmt und termingerecht einreicht.

❧ Die Internetseite der Greencard Lotterie

Die offizielle Internetseite der US-Greencard-Lotterie ist die www.dvlottery.state.gov. Sie ist immer nur während des offiziellen Bewerbungszeitraumes zugänglich, die genauen Daten können Sie beim US-Konsulat oder der US-Botschaft nachfragen. Alle Bewerbungen dürfen ausschließlich nur noch über das Regierungs-Online Formular eingereicht werden.

❧ Wie die Auslosung funktioniert

Ein Computer im nationalen Visa Center in Portsmouth (New Hampshire) ermittelt die Gewinner. Zunächst werden alle Bewerbungen durchlaufen und 90.000 nach dem Zufallssprinzip gefiltert. Doch nicht alle gehören zu den Glücklichen, denn nur die ersten 50.000 davon bekommen die erhoffte Nachricht. Sind unter den 50.000 Ausgewählten Bewerber, die doch nicht mehr einwandern wollen, oder den Anforderungen nicht gerecht werden, rücken aus den verbliebenen 40.000 Losen jeweils neue Bewerber nach – so lange, bis alle 50.000 Greencards vergeben sind.

❧ Der Lotteriegewinn und seine Folgen

Sie sind einer der Gewinner? Ich gratuliere! Sie bekommen jetzt aber keine Post, in der steht, dass Sie sich sofort auf den Weg in die Staaten machen können. Der Gewinn einer Greencard ist die erste von mehreren Stufen, um dem

Einreisebestimmungen

Roskos & Meier OHG
Kurfürstendamm 150
10709 Berlin

Tel: (030) 893 20 00
Fax: (030) 893 20 70
info@roskosmeier.de

Roskos & Meier OHG · Kurfürstendamm 150 · 10709 Berlin

Julia Krausen

Visa-Einzahlungsnachweis

Dieses Dokument belegt die von Ihnen für ein Visum für die Vereinigten Staaten von
Amerika eingezahlte Summe von 80,00 EUR.

Das Dokument selbst ist weder ein gültiges Visum, noch garantiert es den Erwerb desselben.
Im Falle einer Verweigerung des Visums oder für den Fall einer sonstigen Ablehnung des
Visumantrages, wird die von Ihnen geleistete Zahlung nicht zurückerstattet.

This document furnishes proof of your payment of the amount of EUR 80.00 for the
application of a visa for the United States of America.

This document is, however, neither a valid visa nor does it guarantee the acquisition of one.
In case of a denial of the visa or any other type of refusal of your visa application, you will
NOT be refunded the above payment.

04.04.2007
ausgestellt am / issued on: Coupon-Nummer / Voucher Number:

Dieses Dokument wurde elektronisch signiert. Die Botschaft der Vereinigten Staaten von
Amerika behält sich vor, dieses Dokument auf seine Gültigkeit zu verifizieren.

This document was signed electronically. The Embassy of the United States of America
reserves the right to verify the validity of this document.

Die Bestätigung über die Einzahlung für Ihr Visum kommt per E-Mail. Drucken Sie diese aus, um den Nachweis mit zur Botschaft zu nehmen und vorlegen zu können.

Traum ein Stück näher zu sein. Der Gewinn der Karte bedeutet erstmal, dass Sie in die nähere Auswahl kommen und noch einige Tests durchlaufen und bestehen müssen.

Ohne Moos nix los – die Bearbeitungsgebühren

Zu Folgekosten des Greencard-Lotterie-Gewinns zählt nicht nur die Visumgebühr. Als Antragsteller müssen Sie ein Online-Zahlungsbestätigungsformular ausfüllen, um einen Einzahlungsnachweis zu erhalten. Dieser Beleg muss mit zum Interviewtermin in der US-Konsularabteilung. Der Online-Zahlungsbestätigungsservice wird von der Roskos & Meier OHG angeboten. Denken Sie an die Untersuchung beim Vertragsarzt, an allerlei Zeugnisübersetzungen von beeidigten Übersetzern oder an die Beantragung Ihres polizeilichen Führungszeugnisses. Die Kosten der Anreise zur Botschaft sollten ebenso bedacht werden. Daneben benötigt die Botschaft einen Nachweis über Ihre stabilen Finanzen. Ihr Leben in Amerika muss bestritten werden können, ohne dass Sie binnen weniger Wochen zum Sozialfall werden.

Die drei Generalkonsulate in Deutschland

Mein Visum ist auf dem Weg zu mir. Dank meiner vorbildlichen Dokumentenbearbeitung. Alle Horrorgeschichten über den Konsulatstermin sind erfunden. Der Besuch in der Botschaft hat 60 Minuten gedauert und ich bin von allen Mitarbeitern freundlich behandelt worden. Gibt es Ausnahmen, bin ich keine davon.

Sind Sie ein Alien?

Wenn Sie zu den Personen gehören, die weder amerikanischer Staatsbürger noch Einwohner der USA sind, dann sind Sie es definitiv. Der Begriff „Alien" wird für alle Ausländer benutzt, unabhängig davon, ob die Person sich als „Nonimmigrant" oder als „Permanent Resident" in den Staaten aufhält.

Einreisebestimmungen

Ihr erster Weg wird der zum Konsulat sein! Jedes Visum für die Einreise erfordert in jedem Fall Ihren Besuch bei der US- Auslandsvertretung in Deutschland.

Drei deutsche Konsulate stehen Ihnen zur Beantragung eines Visum zur Verfügung. Das Konsulat in Frankfurt akzeptiert und bearbeitet Anträge für Einwanderungsvisa (Greencard) und Nichteinwanderungsvisa (Arbeitsvisa), außerdem können Sie dort das Verlobten-, Handels- und Investorenvisum beantragen. Die Konsulate in München und Berlin bearbeiten lediglich Arbeitsvisa für die Nichteinwanderung.

Ein persönliches Gespräch im Konsulat bleibt unvermeidbar. Bei diesem wichtigen Termin prüfen die Konsulatsmitarbeiter Ihre Unterlagen und entscheiden darüber, ob Sie alle Voraussetzungen erfüllen, die Sie für Ihr Visum brauchen. Sichern Sie sich frühzeitig telefonisch oder per E-Mail einen Termin. Für alle Termine im Konsulat gibt es Wartezeiten. Gehen Sie nicht davon aus, dass Sie frühmorgens um sieben der allererste Mensch sind, der vor dem Konsulat steht.

Gesundheitscheck beim Vertragsarzt

Das US-Konsulat gibt Ihnen eine Adresse eines Arztes mit auf den Weg, der Sie untersuchen soll. Reisepass, Impfpass und drei Passbilder sollten Sie dorthin mitnehmen. Sie erwartet das volle Programm:

Wie viele Operationen hatten Sie in den letzten Jahren? Wann waren Sie schwanger? Neben der Urinprobe wird Ihnen Blut abgenommen. Es geht zum Seh- und Hörtest. Sollten Ihnen noch bestimmte Impfungen fehlen, geht es mit der nächsten Spritze weiter. Geröntgt werden Sie ebenfalls. Zudem gibt es eine nächste Nadel, wenn Sie weiblich und jünger als 27 Jahre und noch nicht gegen Gebärmutterhalskrebs geimpft sind.

Sollten Sie nach diesem Arzttermin noch zu den Lebenden zählen, dürfen Sie die ganze Untersuchung zahlen, sofern Ihre Krankenkasse das nicht zumindest teilweise übernimmt.

Die Labor Certification

Wenn sonst kein qualifizierter US-amerikanischer Bürger für die Arbeitsstelle, die Sie künftig in Amerika antreten möchten, gefunden wird, stellt das U.S. Departement of Labor ein „Labor Certificate" aus. Das Zertifikat ist oft die wichtigste Voraussetzung für Ihre Bewerbung in den Staaten, weil es bestätigt, dass Ihre Anstellung nicht den amerikanischen Arbeitsmarkt beeinträchtigen wird.

Einreisebestimmungen

❧ Ehepaare

Was Amerika anbelangt, hat ein Ehepartner im wahrsten Sinne des Wortes gute Karten.

Eine einzige Greencard genügt - die andere „Hälfte" darf mit in die Staaten und alle eigenen, unverheirateten Kinder unter 21 Jahre auch. Sollte einer von Ihnen stolzer Besitzer eines Arbeitsvisums sein, darf der Anhang genauso mit. Sie als Ehemann oder Ehefrau sind dann aber nicht berechtigt, in den Staaten zu arbeiten, um auch was zur Familienkasse beizusteuern. Das dürfen Sie erst dann, wenn dem Antrag auf eine Greencard für den Partner, begründet auf Familienzusammenführung, stattgegeben wird. Rechnen Sie in diesem Fall mit ungefähr fünf Jahren Wartezeit.
Der Partner darf während dieser Wartezeit so nebenbei im Neuen Land ein soziales Ehrenamt bekleiden (volunteer work) oder ein Praktikum (internship) machen. Es ist nur in Ihrem eigenen Interesse, wenn Sie Fähigkeiten und Kenntnisse verbessern und sich so nebenbei ein soziales Netzwerk aufbauen.

❧ Nach dem Visum ist vor der Einreise

Sie wollen nur noch eins: Raus aus Deutschland! Rein ins Traumland USA. Es gibt noch einige Dinge, die Sie bei Ihrer Reise beachten müssen.

Das „Electronic System for Travel Authorization"

Am 12. Januar 2009 startete das neue Online-Registrierungssystem unter dem Kürzel ESTA (Electronic System for Travel Authorization). Das US-Heimatschutzministerium (Department of Homeland Security, DHS) hat sich diese Form zum Zweck der Sicherheitsüberprüfung von USA-Reisenden einfallen lassen. Die Daten aller ESTA-Registrierten werden vor Reiseantritt mit den US-Fahndungs- und Strafverfolgungslisten verglichen.

USA-Reisende, die ohne Visum und maximal 90 Tage im Rahmen des „Visa-Waiver-Programms" in den Vereinigten Staaten bleiben wollen, müssen sich allerspätestens zwei Tage vor Abflug dort anmelden und einen Online-Antrag ausfüllen. Auch Babys und kleine Kinder müssen da registriert werden. Die ESTA- Reisegenehmigung hat eine Gültigkeit von zwei Jahren.

Sie, der Sie ja nun Besitzer eines tollen US-Visums sind, müssen keinen ESTA-Antrag stellen. Auch dann nicht, wenn Ihr Pass (mit dem gültigen Visum) abgelaufen ist. Sie brauchen sich nur einen neuen Pass ausstellen zu lassen. Zeigen Sie aber bitte beide Pässe

Aktuelle Einreisebestimmungen

Wenn Sie genau wissen wollen, was aktuell bei der Einreise in die Staaten erlaubt und was nicht erlaubt ist, sollten Sie sich auf der Internetseite der US-Botschaft unter www.usembassy.de schlaumachen. Diese Seite wird ständig aktualisiert, da sich sämtliche Vorschriften gerne mal ändern.

Einreisebestimmungen

bei der Einreise vor, denn das Visum ist nicht übertragbar. Aber es ersetzt Ihnen quasi diese ESTA-Registrierung.

Das I-94-Formular

Dieses Formular dient der US-Einwanderungsbehörde (USCIS) dazu, einen Überblick über Ein- und Ausreisende zu erhalten. Das I-94-Formular muss trotz ESTA-Anmeldung von Nicht-Einwanderern auf Reisen in die Staaten ausgefüllt und dem Einwanderungsbeamten bei der Grenzkontrolle am Flughafen beziehungsweise Hafen vorgelegt werden.

Gepäckbestimmungen

Ihr Gepäck sollte sich leicht öffnen lassen, das hat einen einfachen Grund. Wenn Sie Pech haben, wird genau Ihr Koffer wegen des Schlosses aufgebrochen, das Sie zu Hause angebracht haben. Mitarbeiter der Transport Security Administration – die Bundesbehörde des US-Heimatschutzministeriums, die der Öffentlichen Sicherheit im Verkehr dient – müssen regelmäßige Kontrollen machen und damit auch eventuell in Ihren Koffer reinschauen.

Ihr Gepäck kann bei einer Kontrolle unter anderem auf Explosivstoffe durchleuchtet werden, worüber Sie mit einem Hinweiszettel nachträglich informiert werden. Auf dieser Notiz

können Sie nachlesen, an wen Sie sich wenden müssen, falls Gegenstände beschädigt wurden oder sogar verschwunden sind.

Die Einfuhr von Lebensmitteln unterliegt strengen Kontrollen und weitreichenden Einschränkungen, wie Sie im Verlauf noch lesen werden.

Ihr Laptop gehört ins Handgepäck. Stellen Sie sich im ungünstigsten Fall auf eine Überprüfung Ihrer kompletten Gepäckstücke ein, in Ausnahmefällen werden bei der Einreise auch körperbezogene Durchsuchungen durchgeführt.

Die Kreditkarte und das Bargeld

Sie brauchen eine Kreditkarte, um in Amerika über die Runden zu kommen. In den Staaten werden die gängigen Kreditkarten akzeptiert. Das Plastikgeld ist in Amerika so stark verbreitet wie in Deutschland die bargeldlose Zahlung mit der EC-/Maestro-Karte an den elektronischen Kassen üblich ist. Packen Sie Ihre Karte und genügend Reiseschecks mit in Ihr Handgepäck und passen Sie gut darauf auf.

Wenn Sie mehr als 10.000 US-Dollar mitnehmen - aus welchen Gründen auch immer - müssen Sie ein Zollformular ausfüllen. Fragen Sie bei der amerikanischen Zollbehörde nach dem Zollformular 4790. Ohne dieses Formular kann die Einreise mit so viel Bargeld zur Folge haben, dass das Geld beschlagnahmt wird.

Einreisebestimmungen

Das wichtigste Reisedokument

Jeder deutsche Auswanderer braucht seinen maschinenlesbaren, gültigen Reisepass, dazu sein entsprechendes Visum. Das Visum ist vom Konsulat in Ihren Ausweis eingefügt, nachdem Sie dort vorgesprochen haben.

❧ Behindertengerechtes Reisen

Menschen mit Behinderung können nicht immer an allen regulären Standard-Sicherheitschecks teilnehmen. Im Internet gibt es eine tolle Seite, auf der Sie sich kostenlos darüber informieren können, wie Sie mit Handicap und ohne Hürden den Weg in Ihr Traumland machen. Die Seite www.makoa.org/travel.htm hat viele Links zu barrierefreiem Reisen in die USA.

❧ Meldepflicht

Wenn Sie die Zelte in Deutschland abbrechen, müssen dies alle deutschen Behörden erfahren. Dazu gehören vorrangig die Abmeldung beim Einwohnermeldeamt und beim zuständigen Finanzamt.

In Amerika angekommen, werden Sie feststellen, dass es gar kein Meldeamt gibt. In den USA weist sich der Staatsbürger nicht mit seinem Personalausweis sondern mit dem Führerschein aus. Amerikaner haben Personalausweise, die wir Deutschen mit uns tragen, wenn überhaupt nur einmal durch Zufall bei Touristen oder Einwanderern gesehen.

❧ Die Driver's-License

Wenn ein Amerikaner nach seiner „ID" (identity) gefragt wird, zückt dieser sehr wahrscheinlich seinen Führerschein (driver's license). Die Karte weist alle US-Bürger und weitere Personen, die sich legal in den Staaten aufhalten, anhand von Foto, Adresse und Geburtsdatum aus.

Den Führerschein können Personen in Amerika – abhängig vom Bundesstaat – meist mit 16 Jahren erwerben. Dadurch, dass in Amerika kein Meldeamt existiert, dient der Führerschein dort seit eh und je der Identitätsüberprüfung. Aus diesem Grund müssen Sie den wichtigsten Behörden Ihres Bundesstaates, in dem Sie sich niederlassen, jede Änderung, sei es die des Namens oder Ihrer Adresse, unverzüglich melden.

Die Non-Driver's-License

Nun können Sie aber gar kein Auto fahren und haben festgestellt, dass der US-Führerschein Sie in Amerika ausweist. Wenn Sie kein Auto fahren können und auch nicht möchten, werden Sie zur Identitätsausweisung dennoch einen Führerschein, um es genauer zu sagen einen „Nicht-Führerschein" (non-driver's-license) beantragen müssen. Der Nicht-Führerschein weist neben den Angaben, die auch auf dem normalen Führerschein aufgeführt sind, explizit darauf hin, dass Sie kein Auto fahren können.

Einreisebestimmungen

Vielleicht ist es jetzt an der Zeit, darüber nach-
zudenken, die Fahrprüfung abzulegen? Amerika
macht Ihnen den Erwerb des Führerscheins
sehr einfach. Neben der sehr geringen Gebühr,
die Sie für die Prüfung aufbringen müssen, ist
Fahren auf amerikanischen Straßen auch relativ
unkompliziert, solange Sie nicht die kurvige
Lombard Street in San Francisco entlangfahren
müssen.

Die Social Security Card hilft aus

Wenn der Führerschein abhanden kommt,
hilft die Social Security Card. Die auf die SSN
gedruckte neunstellige Kennziffer weist Sie als
eine in den Staaten legal lebende Person aus
und dient im Notfall ebenso der Personeni-
dentifikation, auch wenn darauf kein Foto
vorhanden ist. Wie Sie die SSN bekommen,
erkläre ich im Kapitel „Erste Schritte".

Nun werden Sie feststellen, dass es doch eine
Art Meldepflicht gibt, denn selbst als Nicht-Au-
tofahrer können Sie einen Führerschein beantragen. So verkehrt denken Sie nicht, dennoch
auch nicht ganz richtig. Denn obwohl praktisch
jeder Bürger in Amerika auf einen Führerschein
angewiesen ist, ist diese Form der Registrierung
laut Gesetz immer noch nicht verpflichtend.

Eine andere Möglichkeit der Datenerfassung

Eine weitere Maßnahme kann dafür sorgen,
dass in Amerika lebende US-Bürger erfasst
werden. Bei öffentlichen Wahlen muss sich
ein Bürger vor jeder Wahl um eine Eintragung
in das örtliche Wählerverzeichnis bemühen,
bevor er sein Kreuz machen darf. Da nicht alle
Bürger wählen gehen, ist diese Registrierung
nicht aussagekräftig und kann deshalb nicht
herangezogen werden, wenn es darum geht, alle
Einwohner des Staates einschließlich persönlicher Daten aufzulisten.

⚘ Einwanderungshelfer

Ihr Weg nach Amerika wird aufwändig sein und
Sie nicht nur Zeit und Nerven kosten. Die Vorbereitungen und die damit verbundene Aufre-
gung gehen an die Substanz, lassen Sie sich das
von mir versichern. Immer mehr Menschen, die
in die USA einwandern möchten, wenden sich
an professionelle Einwanderungshelfer, die den
Immigrationsprozess unterstützen und diesen
leichter machen. Ein erfahrener Einwanderungshelfer kann Ihnen zudem bei der Arbeits-
suche helfen und ist im Optimalfall mit allen
Gesetzmäßigkeiten - denen in Deutschland und
denen in den Staaten - vertraut.

Allein ein Hauskauf im neuen Land kann sich
als schwieriger entpuppen, als Sie zunächst angenommen haben. Ohne genügende Kenntnisse über die Stadt und deren Umgebung sowie

Einreisebestimmungen

ohne Bekannte, die Ihnen von zwielichtigen Umgebungen abraten können, kann Ihre Suche schnell in die Hose gehen.

⚮ Immigration Lawyer

Bei Vorbereitungen oder Kommunikationsproblemen kann Ihnen ein „Immigration Lawyer" helfen. Die Immigration Lawyer sind Anwälte, die mit den aktuellen Gesetzen in Deutschland und in den Staaten vertraut sind. Da sich die US-Immigrationsgesetze laufend ändern, haben sich in Deutschland unzählige Anwälte auf dieses Gebiet hin spezialisiert. Die Anwälte sind bestens für alle Eventualitäten im Zuge Ihrer Einwanderung ausgerüstet, so arbeiten sie unter anderem mit Dolmetschern zusammen, um mögliche Hindernisse auf der Kommunikationsebene zu umgehen. Sie werden, sofern Sie mögen, bereits beim ersten Schritt in Richtung USA betreut, und können sich sicher sein, dass ein Spezialist zur Seite steht, sollte es doch einmal brenzlig werden.

Erkundigen Sie sich im Internet, wenn Sie nicht jetzt schon daran gedacht haben, den Anwalt eines Freundes zu kontaktieren. Wie es im Leben oft spielt, findet sich im eigenen Bekanntenkreis sehr oft jemand, der als kompetenter Ansprechpartner zur Verfügung steht. Eine weitere Möglichkeit für Sie ist die Kontaktaufnahme mit einem der Konsulate oder der US-Botschaft in Berlin. Der Deutsche

Verband der Rechtsanwälte hilft Ihnen bei der Vermittlung eines professionellen Anwalts bestimmt auch gerne weiter.

⚮ Gesundheit

Ich habe mir meine Augen verbrannt. Die sind seit zwei Tagen geschwollen. Ja, ich weiß, ich brauche eine Sonnenbrille, der Juckreiz ist fürchterlich. Und jetzt? Die Arztkosten hier sind so saftig!

Nun wissen Sie, dass Sie die subtropischen Gefilde in Florida nicht ohne Sonnenbrille und Sonnenschutzcreme erkunden sollten. Unterschätzen Sie die Sonne nicht, vor allem in der Mittagszeit. Ein kleines medizinisches Notfallpaket kann Ihnen sehr helfen, sich auch in gesundheitlicher Hinsicht auf die USA gut vorzubereiten.

⚮ Unverzichtbar: der Gesundheitscheck in Deutschland

Fliegen Sie nicht ohne vorherigen Gesundheitscheck beim heimischen Hausarzt in die Staaten. Es ist wichtig, dass Sie gesund in den Flieger gen Amerika steigen, zumal Sie in der ersten Zeit mit Sicherheit mit vielen Aufgaben konfrontiert werden, die Ihre Aufmerksamkeit und Konzentration erfordern. Da wäre es nicht günstig, krank zu sein.

Einreisebestimmungen

Besuchen Sie vor der Abreise möglichst einige Wochen vorher neben Ihrem Hausarzt den Zahnarzt, Ihren Optiker, den Frauenarzt und sonstige für Sie wichtige Fachmediziner.

Der US-Gesundheitsmarkt unterscheidet sich in einigen Punkten von dem deutschen Gesundheitsmarkt. Bevor Sie Ihren ersten Arzttermin im neuen Land haben, machen Sie sich zuallererst mit dem amerikanischen Gesundheitswesen vertraut.

Impfungen

Impfungen wie Tetanus oder Polio dienen der reinen Vorsichtsmaßnahme, sollten bei Ihrem Hausarzt jedoch aufgefrischt werden, bevor Sie auswandern. Im kleinen gelben Büchlein, welches Sie einst von Ihrem Arzt bekommen haben müssten, überprüfen Sie, ob Ihnen oder den Familienmitgliedern noch Impfungen fehlen. Standard-Impfungen gehören vervollständigt, egal, ob Sie auf den Mars wollen oder nach Amerika.

Sollten Sie als Sozialarbeiter im sozial schwachen Umfeld von Amerika eingesetzt werden, machen Impfungen gegen Hepatitis A und B gegebenenfalls zusätzlich Sinn.

Je nachdem, welchen Kindergarten oder welche Schule Ihr Kind in den USA besuchen wird, benötigen Sie für diese Einrichtung den Nachweis über das komplette Impfprogramm Das Standard-Impfprogramm erfragen Sie unter anderem beim Robert-Koch-Institut.

Zahnarzt

Ein Zahnarztbesuch kann sowohl in Deutschland als auch in Amerika je nach Behandlung sehr kostspielig werden. Aus diesem Grund macht auch bei Ihnen eine regelmäßige zahnärztliche Vorsorge Sinn. Amerikaner gehen zweimal jährlich zur professionellen Zahnreinigung, da ihnen Vorbeugemaßnahmen im Gesundheitswesen außerordentlich wichtig sind.

Wenn Sie in Amerika eine Krankenversicherung abschließen, bedeutet das nicht automatisch, dass zahnärztliche Leistungen inbegriffen sind. Oftmals benötigen Sie neben der Krankenversicherung eine zusätzliche Zahnversicherung (dental insurance), die sicherstellt, dass die entstehenden Kosten zumindest teilweise abgedeckt sind.

Das West-Nil-Fieber

Das West-Nil-Fieber (West Nile Virus) ist eine Viruserkrankung, die in den USA auftreten kann. Die Wahrscheinlichkeit ist allerdings überaus gering. Von Mensch zu Mensch findet eine Übertragung gar nicht statt. Nur fiese lästige Mücken können den Menschen damit infizieren. Weitere Informationen und mehr Hinweise zum Thema Gesundheit erhalten Sie online bei der amerikanischen Gesundheitsbehörde CDC (Center for Disease Control) unter http://www.cdc.gov.

Einreisebestimmungen

❧ Deutschland versus Amerika

Nicht nur im Gesundheitssystem sind die Unterschiede zwischen Deutschland und Amerika merklich, auch in sonstigen medizinischen Belangen begegnen Ihnen Dinge im neuen Land anders, als Sie diese aus Deutschland gewohnt sind.

❧ Apotheken

In den Staaten heißen Apotheken „Pharmacies". Amerikanische Apotheken finden sich oft neben oder sogar in Supermärkten. Eine Apotheke wird in den Staaten mit dem Symbol „Rx" gekennzeichnet. Rx steht für prescription, übersetzt bedeutet das „Rezept". Alle rezeptpflichtigen Medikamente, die Ihr Arzt Ihnen verschreibt, erhalten Sie genau hier. Rezeptfreie Medikamente (over-the-counter) finden Sie gleich einige Supermarktgänge weiter. Von Kopfschmerz- bis hin zu Magen-Darm-Tabletten werden Sie eine riesige Auswahl an Medizin vorfinden, die sich auch preislich sehen lassen kann.

Vom Warten in amerikanischen Apotheken

In allen amerikanischen Apotheken benötigen Sie eine Engelsgeduld, wenn Sie Ihr Medikament abholen möchten. Die Medizin, die der Arzt verschrieben hat, wird Ihnen mit großer Sicherheit nicht in verschreibungsüblichen Packungen – wie Sie das aus Deutschland kennen- und liebengelernt haben - in Ihre Hände gereicht. In vielen Fällen warten Sie stattdessen mehr als eine halbe Stunde, bis der Apotheker die für Sie notwendige Anzahl Tabletten ausgezählt und auf Ihren Namen in eine Tüte verpackt etikettiert hat. Ein telefonischer Hinweis vorab, in dem Sie die Apotheke über Medikament und erforderlichen Umfang informieren, kann sehr nutzen. Denn Sie sparen kostbare Zeit, die Sie – besonders nach der Arbeit – bestimmt anders verbringen möchten, als in einer Warteschlange von Kranken. Bei einer Erkältung können Sie sich den Gang in die Apotheke sparen. Alle dafür notwendigen Heilmittel sind auch ohne Rezept im Supermarkt erhältlich.

❧ Arztpraxen

Amerikaner haben die Vorteile der Gemeinschaftspraxen schon früh erkannt. Diese Art der Praxen schießen – viel häufiger als in Europa – nahezu aus dem amerikanischen Boden. Die Praxen gelten meist als kompetent und servicestark, denn auch im Notfall ist einer der Mediziner aus dem Team sogar an Wochenenden zumindest telefonisch erreichbar. Günstigerweise haben Arztpraxen auch an Samstagen in der Regel geöffnet.

Emergency Room

Zögern Sie niemals, den amerikanischen Notruf (911) zu wählen, wenn Menschen wie Tiere Ihrer Umgebung oder Sie selbst in Gefahr sind oder verletzt wurden. Ein Krankenwagen (ambulance) eilt Ihnen schnell zu Hilfe und bringt Verletzte unmittelbar in die Aufnahmestation (emergency room) des nächstgelegenen Krankenhauses (hospital).

Einreisebestimmungen

✎ Krankenversicherung

Sicher auch bedingt durch das gute ärztliche Versorgungssystem haben Amerikaner laut Statistik eine derzeitige Lebenserwartung von 77 Jahren.

In Punkten wie der Hygiene oder der Medikamentenversorgung aber vor allen Dingen technisch gesehen sind die USA sehr gut entwickelt und auf vielen Gebieten fortschrittlich.

Wenn es um Ausgaben für die Gesundheitspflege (healthcare) geht, zählen die Staaten definitiv zu den Spitzenreitern aller Länder. Teure Technologien und hochmoderne Apparate sollen dem Patienten schneller helfen, auf die Beine zu kommen. So gut diese neuen Methoden auch sein mögen, ziehen sie aber eine hohe Behandlungssumme mit sich. Finanziell können ein Flug nach Deutschland und eine gleichzeitige Behandlung in der alten Heimat um einiges günstiger sein, als die Behandlung in Amerika.

✎ Keine gesetzliche Krankenversicherungspflicht

Das Land der Tellerwäscher und Millionäre hat bis heute noch kein Gesetz verabschiedet, was den Bürger des Landes dazu verpflichtet, sich in einer Krankenversicherung (health insurance) anzumelden. Besonders arme Menschen der Unterschicht, die von Arbeitslosenhilfe leben, sparen jeden Cent und somit auch an

der Versicherung. Eine Krankenversicherung kommt für diese Leute erst gar nicht in Frage. Es ist tragisch, dass sich nahezu 40 Millionen Amerikaner eine Krankenversicherung nicht leisten können, weil sie schlichtweg zu teuer ist.

Damit Sie für den Notfall gerüstet sind, empfehle ich Ihnen, noch in Deutschland eine auf Ihre Bedürfnisse angepasste Krankenversicherung abzuschließen, um wenigstens in den ersten Monaten im Ausland medizinisch abgesichert zu sein. In Amerika müssen Sie sich noch mit dem Angebot des amerikanischen Krankenversicherungssystems auseinandersetzen.

✎ Krankenversicherungssystem für Arme und Rentner

Zwei öffentliche Krankenversicherungssysteme sollten Ihnen zwar geläufig sein, werden aber nicht für Sie als Einwanderer in Frage kommen, wenn Sie amerikanischen Boden betreten.

» MEDICARE
  Die Versicherung für Rentner und Behinderte.

» MEDICAID
  Die Versicherung für sozial schwache Amerikaner

Die Einrichtung „Medicare" kommt für die Hauptlast der Arztrechnungen von Rentnern und Behinderten auf und wird über Sozialversicherungsabgaben finanziert, also durch Beiträge

Einreisebestimmungen

der Versicherten und durch einen Zuschuss vom Staat. Jede Person, die Anspruch auf Leistungen aus der Sozialversicherung hat, ist über Medicare krankenversichert und wird, wenn es so weit ist, davon profitieren.

„Medicaid" hingegen ist eine Leistung ähnlich unserer deutschen Sozialhilfe, die sehr ärmliche Lebensverhältnisse des Beziehers voraussetzt.

⸕ Krankenversicherung als Teil Ihres Arbeitsvertrages

Die Krankenversicherung wird mit hoher Wahrscheinlichkeit Teil Ihres amerikanischen Arbeitsvertrages werden. Demnach bietet sich Ihr neuer Arbeitgeber hoffentlich freundlicherweise an, Sie finanziell mit einer Krankenversicherung zu unterstützen. Die meisten amerikanischen Arbeitnehmer greifen auf diese Leistung gerne zurück und bezahlen ihre Arztrechnungen durch solch eine betriebliche Krankenversicherung.

Die betriebliche Krankenversicherung bringt den Vorteil mit sich, dass Sie in eine Gruppenkrankenversicherung einsteigen können – somit ist auch Ihre ganze Familie gleichzeitig mitversichert. Sollte ein wichtiger Arztbesuch anstehen, können alle Familienangehörigen aus einem für sie vorgesehenen Ärztenetzwerk auswählen.

Gruppenversicherung

Eine Gruppenversicherung gibt es in zwei verschiedenen Formen:

Eine HMO-Organisation (health maintenance organization) übernimmt die komplette Krankenversorgung über ein Ärztenetzwerk mit Medizinern der verschiedenen Fachrichtungen.

Eine PPO-Organisation (referred provider organization) gestattet Ihnen zusätzlich neben den vorgegebenen Medizinern auch andere Ärzte nach eigenem Ermessen und eigener Wahl aufzusuchen.

Die HMO

Eine „HMO" (health maintenance organization) ist eine Organisation von Ärzten verschiedenster Fachrichtungen, die Ihre komplette Krankenversorgung übernimmt. Sie haben mit diesem Ärztenetzwerk einen ganz entschiedenen Vorteil: Alle Behandlungskosten bleiben für Sie im Blick. Bei der Abrechnung aller Leistungen gibt es stets einen bestimmten Höchstsatz, der nicht überschritten wird. Ein geschlossenes Ärzteteam findet sich in der Regel überall und auch in Ihrer Nähe. Sollten Sie einen Arzt außerhalb Ihres angebotenen Ärztenetzwerkes aufsuchen, müssen Sie zumindest anteilmäßig mit Behandlungskosten rechnen. Dadurch, dass HMOs die medizinischen Ausgaben relativ

Einreisebestimmungen

gering und überschaubar halten, kann in neue Technologien investiert werden. Das freut die Forschung und Patienten ebenso.

❧ Die PPO

Nachteil der gerade erwähnten Krankenversicherungsform ist der, dass Sie ohne eine vollkommen freie Ärztewahl sehr abhängig vom vorgegebenen Ärztenetzwerk sind. Die Wahl einer „PPO" bietet Ihnen im Gegensatz zu der HMO-Organisation vollkommene Unabhängigkeit. Sie wählen den Arzt Ihres Vertrauens oder den Mediziner, der Ihnen von Freunden oder Bekannten empfohlen wird. Die PPO-Organisation ist im Vergleich zur HMO die kostenintensivere Versicherungsform.

❧ Die Versicherungspolice

Wenn Sie eine Versicherung in den USA abschließen, bekommen Sie meist auf dem Postwege eine Versicherungspolice zugesendet, der Sie entnehmen können, in welcher Form Sie versichert sind. Bevor Sie sich aber für eine Krankenversicherung definitiv entscheiden, gilt es, sich jedes einzelne Blatt dieser Police vorzunehmen und das Kleingedruckte durchzulesen. Die Versicherungspolicen unterscheiden sich von Anbieter zu Anbieter immens. Wo noch viele Krankenversicherungen keine Zahnbehandlung anbieten, finden Sie in einer anderen Police einen Absatz, der Ihnen

den Besuch dort inklusive zugesteht. Und das für einen günstigeren Preis. Ebenso kann ein Besuch auf der Couch in den Staaten sehr häufig Leistung Ihrer Krankenversicherung sein, wo manch anderer US-Einwohner für diese wichtigen Stunden beim Seelendoktor sehr viel Geld bezahlt. De facto ist nahezu jeder zweite Amerikaner davon überzeugt, dass er ein seelisches Problem hat und ist damit Stammgast bei einem Therapeuten.

❧ Arztkosten

Ob Sie in Deutschland oder in Amerika in eine Arztpraxis gehen - neben den Behandlungen, die die Krankenversicherung abdeckt, müssen Sonderleistungen, die wir in Deutschland auch unter IGel (Individuelle Gesundheitsleistungen) kennen, vom Ihnen selbst gezahlt werden. Wenn Sie Fragen haben, dürfen Sie sich gerne an Ihren neuen amerikanischen Arzt wenden. In US-Arztpraxen gehören Gespräche über Behandlungskosten zum Praxisalltag wie das Amen in die Kirche. Schämen Sie sich nicht, sollte Ihnen das Thema auf dem Herzen liegen.

Sie werden erleben, dass Sie noch in der Praxis und dem Postwege mit Ärztebroschüren nahezu beworfen werden. Dort werben Ärzte mit allen möglichen Sonderangeboten und möchten Sie als Kunden gewinnen. Vergessen Sie nicht, dass amerikanische Ärzte auch nur Ihren Job machen und es dazu gehört, auf sich aufmerksam zu machen.

Vorbereitungen

Vorbereitungen in Deutschland

Ihre Reise in die USA muss anständig organisiert und geplant sein. Sie können ein noch so außerordentlich gutes Gedächtnis besitzen - ich bin mir sicher, dass Sie kurz vor der Ausreise Angst bekommen, ein wichtiges Detail bei der Vorbereitung für Ihre Auswanderung vergessen zu haben. Damit Sie unbesorgt, vor allem aber gut versorgt starten können, erhalten Sie im Folgenden Hilfe.

❧ Check- und To-Do-Liste

Rechnen Sie mit Stress bei den Vorkehrungen, Deutschland für immer zu verlassen. Meine Auflistung sollte Ihnen Hilfestellung geben, einen Überblick darüber zu bekommen, an was Sie in Deutschland beim Packen unbedingt denken müssen.

Hierfür ist es wichtig, dass Sie sich genügend Zeit nehmen. Einige Vorkehrungen benötigen mehr Zeit als die anderen.

Reisepass

Für die Einreise in die Staaten benötigen Sie einen maschinen-lesbaren, gültigen Reisepass (bordeauxfarben), welcher vor dem 26.10.2005 ausgestellt wurde. Vielleicht sind Sie aber auch bereits Besitzer eines neuen Reisepasses mit Speicherung der biometrischen Daten wie dem digitalen Foto. Auch Ihre Kinder, die noch keine 18 Jahre sind, müssen ebenfalls den maschinenlesbaren Reisepass mitführen.

Um Ihren Reisepass müssen Sie sich in jedem Fall frühzeitig kümmern. Ist er abgelaufen, müssen Sie mit Problemen bis hin zur Einreiseverweigerung rechnen.

Ihre Einreiseerlaubnis

Denken Sie an Ihren Termin beim Konsulat. Bei einem Visumantrag oder bei der Beantragung für eine Greencard müssen Sie in jedem Fall dort vorsprechen. Den Termin sollten Sie rechtzeitig machen, da es einige Wochen dauern kann, bis sich ein Mitarbeiter des Konsulats Zeit für Sie einräumt. Via E-Mail oder per Telefon kann ein solcher Termin vereinbart werden. Fragen Sie bei dem Telefonat oder in Ihrer E-Mail gleichzeitig danach, welche wichtigen Dokumente Sie für dieses Treffen besorgen, ausfüllen und mitbringen müssen.

Flugticket

Ist Ihr Flug eigentlich schon reserviert? Und haben Sie Ihre Tickets bereits erhalten? Prüfen Sie, ob jede Person, die mitreist, ein auf ihren Namen ausgeschriebenes Flugticket erhalten hat.

Arztbesuch

Sind die Standard-Impfungen von Ihrem Hausarzt aufgefrischt und im Impfpass vermerkt worden? Bevor Sie mit Ihrer Familie auswandern, müssen Sie sich um diese Gesundheitsmaßnahmen kümmern. Ebenso ist es wichtig,

Vorbereitungen in Deutschland

dass alle medizinisch wichtigen Dokumente – welche Sie in Amerika eventuell benötigen könnten - ins Englische übersetzt sind. Sind Tabletten auf Vorrat eingekauft und mit einem Hinweiszettel Ihres Arztes, auf dem die Notwendigkeit einer Einnahme derer vermerkt ist, verstaut? Lassen Sie sich die Namen der Medikamente aufschreiben, die Sie in Deutschland regelmäßig eingenommen haben. Und bitten Sie Ihren Arzt um Ihre Krankenakte.

Zahnarzt

Sie sollten sechs Wochen vor Abreise Ihre Beißer noch einmal untersuchen lassen, damit Ihr Zahnarzt Zeit genug hat, um Ihnen im Notfall eine Füllung machen zu können. Wenn tatsächlich noch gebohrt werden muss, können eventuell auch zwei Termine fällig werden, und Sie geraten nicht so arg in Zeitnot.

Augenarzt

Mindestens vier Wochen vor Abflug sollte in Ihrem Kalender ein Termin beim Augenarzt vermerkt sein. Eine neue Brille – sofern sich Ihre Sehstärke verschlechtert hat – kann dann gegebenenfalls noch in Deutschland geordert werden.

Wohnung oder Hause kündigen

Haben Sie zeitnah eine Kündigung an Ihren Vermieter rausgeschickt? Die Wohnungs-anzeige, in der Sie nach einem geeigneten

Nachmieter suchen, aufgegeben? Denken Sie daran, dass Sie jede Menge Geld sparen, sofern Sie eine Person gefunden haben, die Ihre Miet-wohnung übernimmt. Ohne einen Nachmieter können weitere Mietzahlungen auf Sie zukom-men, je nachdem, welchen Mietvertrag Sie bei Ihrem Einzug unterschrieben haben.

Weitere Kündigungen

Alle sonstigen Kündigungen (Strom, Telefon, Gas, Öl, Wasser, Internetzugang, Handyvertrag, Postzustellung und Kabelfernsehen) müssen zum nächstmöglichen Termin - wie vertraglich geregelt - so früh wie möglich per Brief oder E-Mail an die entsprechenden Dienstleister rausgegangen sein. Bitten Sie in Ihrer Kün-digung um eine schriftliche Bestätigung des Erhaltes.

Post-Nachsendeantrag

Bei der Deutschen Post können Sie für all Ihre Post einen Nachsendeantrag stellen. Das ist praktisch, da es immer Menschen oder Dienst-leister geben wird, die im Eifer Ihrer Auswan-derungspläne nicht darüber informiert wurden. Die Nachsendeanträge gibt es für ein halbes und für ein Jahr.

Versicherungen

Die Anbieter Ihrer Versicherungen in Deutschland wie zum Beispiel die Autover-sicherung, Hausratversicherung und private

Vorbereitungen in Deutschland

Zusatzversicherung benötigen die Information über Ihren Umzug in die Staaten. Kümmern Sie sich frühzeitig um diese Formalitäten und bitten Sie bei dem Kündigungsschreiben um die Bestätigung über den Erhalt Ihres Briefes für die Unterlagen.

Rufen Sie bei Ihrem Krankenversicherungsanbieter an und sprechen Sie über die Möglichkeit, im Ausland versichert zu bleiben oder bei Umzug zurück nach Deutschland wieder in die alte Versicherung eintreten zu können.

Stellen Sie abschließend klar, dass alle notwendigen Dokumente wie Versicherungspolicen und -scheine als Nachweis Ihrer Versicherung in Ihrem Gepäck sind.

Überprüfen Sie frühzeitig, ob Ihre Rentenversicherungsbeiträge im Ausland anerkannt werden. Dazu können Sie die Rentenversicherung anrufen, die Mitarbeiter geben Ihnen nützliche Informationen mit an die Hand und beantworten zudem Fragen rund um das Thema Rentenvorsorge.

Risikolebensversicherung, Berufsunfähigkeitsversicherung

Wenn Sie noch keine Lebens- oder Berufsunfähigkeitsversicherung (life insurane and disability insurance) abgeschlossen haben, können Sie beide Versicherungen noch in Deutschland abschließen. In der Regel erhalten Sie die in der Heimat zu wesentlich günstigeren Konditionen!

Führerschein und Nachweispapiere

Ist Ihr deutscher Führerschein noch gültig? Ein neuer internationaler Führerschein kostet circa 50 Euro, die Beantragung bei den Führerscheinstellen Ihrer Straßenverkehrsbehörde ist unkompliziert und die Fertigstellung des neuen Führerscheins benötigt nur zwei bis drei Wochen.

Beachten Sie, dass eine Bestätigung über Ihre schadensfreien Jahre für Amerika von Vorteil ist, wenn Sie sich dort nach einer Autoversicherung umsehen. Die US-Versicherung hat ohne einen solchen Nachweis keine Informationen über Sie und muss Sie wie einen Fahranfänger behandeln, wenn es darum geht, Ihre monatliche Beitragsgebühr zu berechnen.

Besorgen Sie sich ebenfalls ein Dokument über die Versicherungsdeckungssumme bei Ihrer Kfz-Versicherung. Neben einer Bestätigung Ihrer Autofahrervergangenheit aus Flensburg werden diese Unterlagen hilfreich sein, wenn Sie Ihre Autoversicherung in Amerika abschließen möchten.

Das Kinder- und Erziehungsgeld verfällt

Wenn Sie sich vollständig aus Deutschland abmelden, haben Sie keinerlei Anspruch mehr auf Kinder- oder Erziehungsgeld (child benefit). Kinder- und Erziehungsgeld gibt es in den Staaten nicht. Überlegen Sie sich, ob es nicht doch sinnvoll ist, eine Vermietung der Eigentumswohnung oder Ihres Hauses zu veranlassen, statt einen Verkauf.

Vorbereitungen in Deutschland

Hausrat und Möbel

Verkaufen, verschenken oder vertrödeln Sie Ihre Möbel, die Sie nicht mitnehmen möchten. Der Verkauf funktioniert dank moderner Technik glücklicherweise auf vielen Wegen, nicht nur per Zeitungsannonce.

Vollmacht

Besonders für finanzielle Angelegenheiten benötigen Sie eine Person Ihres Vertrauens, der Sie vor Abreise eine Vollmacht ausstellen. In Ihrer Abwesenheit kann es passieren, dass Sie für vergessene Behördengänge einen Bevollmächtigten brauchen, der für Sie einspringt und Unterschrift leisten darf. Vorlagen finden Sie im Internet, Sie können aber auch einen Rechtsanwalt zu Rate ziehen. Eine Person Ihres Vertrauens kann ein Mitglied der Familie, ein Freund oder ein guter Bekannter sein.

Rechnungen

Bezahlen Sie alle ausstehenden Rechnungen und Kredite, bevor Sie Ihr Heimatland verlassen. Sollten Rechnungen noch nicht eingetroffen sein, rufen Sie die Behörde an und fordern Sie eine Zwischenrechnung. Schuldenfrei reist es sich besser.

Sportvereine, sonstige Institutionen

Kündigen Sie rechtzeitig schriftlich die Mitgliedschaften im Sportverein und in Verbänden oder sonstigen Freizeiteinrichtungen, in denen Sie oder Ihr Kind Mitglied sind. Und veranlassen Sie, dass alle Überweisungen über Ihr Bankkonto eingestellt werden.

Abonnements

Kündigen Sie – sofern vorhanden – Zeitungs- und Zeitschriftenabonnements mit der Begründung, dass Sie Deutschland verlassen. Somit können Sie im Notfall mit einer vorzeitigen Entlassung aus der Kündigungsfrist rechnen und sind nicht angehalten, den vollen Betrag zu zahlen, obwohl Sie die Zeitung nicht mehr erreicht.

Finanzamt

Informieren Sie das Finanzamt über Ihre Ausreise. Wenn Sie wissen möchten, wie im weiteren Verlauf Steuerangelegenheiten berechnet werden, stehen Ihnen die Mitarbeiter mit Tipps zur Verfügung. Im Abschnitt „Steuern" erläutere ich Ihnen ebenfalls, wie Sie im ersten Jahr nach Verlassen von Deutschland vorzugehen haben.

Vorbereitungen in Deutschland

Deutsche Kreditkarte

Bei Ihrer Bank in Deutschland erhalten Sie Informationen, inwiefern ein Konto in Deutschland weiterhin für Sie von Nutzen sein kann, auch wenn Sie in den Staaten leben. Wenn Sie bis jetzt noch keine Kreditkarte haben, können Sie sich jetzt eine ausstellen lassen. Da in Amerika selbst kleine Geldbeträge meist über eine Kreditkarte erfolgen, ist die Beantragung sinnvoll. Für die erste Zeit im neuen Land benötigen Sie außerdem Reiseschecks und genügend Bargeld, da eine Kontoeröffnung in Amerika erst möglich ist, wenn Sie sich mit der Social Security Card als beständiger Einwohner ausweisen können.

Übersetzungen und Kopien wichtiger Dokumente

Sind wichtige Dokumente wie das Begleitschreiben der Schule Ihres Kindes übersetzt und vom Direktor beglaubigt? Neben diesem Dokument gehören auch Ihre Geburtsurkunde, die Heiratsurkunde, der Schwerbehindertenausweis oder die Arbeitsgenehmigung und Aufenthaltserlaubnis wie Greencard oder Visum in Ihre Mappe mit Unterlagen, die Sie mitnehmen. Im Optimalfall haben Sie eine englische Übersetzung von jedem Papier. Sichern Sie sich zusätzlich dadurch ab, indem Sie von allen Reisedokumenten (Pass, Flugtickets, Kreditkarten, Impfausweis) Kopien erstellen und diese an separater Stelle in Ihrem Reisegepäck aufbewahren.

❧ Ich packe meinen Koffer

Langsam werde ich nervös. Zwei Tage bleiben mir, dann fliege ich quer über den Atlantik in ein neues Leben. Ich muss packen und sortieren, was zu Hause bleiben muss. Kopien meiner Reisedokumente machen. Dann kann es losgehen.

Die folgende Liste gibt Ihnen Information darüber, was alles in Ihren Koffer und was ins Handgepäck muss, wenn Sie Ihre Reise antreten

Handgepäck	Koffer
Geld, Kreditkarte	Gürtel, Hosenträger
Flugtickets	Hemden, Blusen
Auslandskrankenschein	Jacke
Reisepass	Kleider, Röcke
internationaler Führerschein	Kurze und lange Hosen, Pullover
teilweise Medikamente	Strümpfe, Socken
Desinfektionsmittel	Schlafbekleidung
Kontaktlinsenzubehör	T-Shirts, Sweatshirt
Brille	Unterwäsche
Kopfbedeckung	Handtücher
teilweise Kosmetikartikel	Pflaster, Zahnbürste, Zahnpasta, Rasierer
Fotoapparat	Stadtplan
Videokamera	Sonnenmilch, -brille
Kopfhörer	Adressenliste
Papier , Kuli	Batterien
Wörterbuch	Nähzeug
Ihr Ratgeber „Mein neues Leben - Amerika"	Aufladekabel fürs Handy

Vorbereitungen in Deutschland

⚓ Transport der Möbel

Mit einem einzigen Koffer und einem Rucksack bin ich nach Florida gereist. Meine Möbel habe ich zu Hause - so weit es möglich war - verkauft. Bett, Schrank und Regale konnte ich glücklicherweise im Haus meiner Mutter deponieren. Genau wusste ich noch nicht, wann und ob ich wieder nach Deutschland zurückkehre.

Nicht nur mein Auto musste verkauft sondern auch die Wohnungseinrichtung komplett aufgelöst werden. Als Mieterin musste ich mich zudem um einen Nachmieter kümmern, damit mir weitere Mietzahlungen erspart blieben. Da ich unter einem großen Zeitdruck stand wurde das Projekt „Auszug" anstrengend und verlangte mir einiges ab.

Ich gehe davon aus, dass Sie – besonders nach Lesen dieses Ratgebers - Ihre Auswanderungspläne organisierter machen und Sie in Ruhe überlegen können, wie Sie Ihren Hausrat verkauft oder in die Staaten verschifft bekommen.

Es ist für Sie ein Neuanfang, räumen Sie richtig in Ihrem Leben auf. Sortieren Sie gründlich aus, was Sie nicht mehr benötigen. Sie müssen sich klar werden, worauf Sie in den Staaten nicht verzichten möchten.

Der Eiche-Rustikal-Kleider-Schrank ist in Amerika fehl am Platz, da moderne Wohnungen grundsätzlich mit begehbaren Kleiderschränken ausgestattet sind. Ein Transport ist zwar grundsätzlich immer möglich, macht aber finanziell oft keinen Sinn. Überseefrachten sind kostspielig und nervenaufreibend. Dazu kommt, dass in Amerika Möbel oft um ein Vielfaches günstiger sind als in Deutschland.

Inventarliste

Erstellen Sie eine Liste der Dinge, die Sie mitnehmen möchten, damit das Transportunternehmen zügig den Frachtumfang bestimmen kann und Ihnen ein entsprechendes Angebot macht. Das Unternehmen wird durch Ihre Liste schnell in der Lage sein, die Kosten Ihres Umzuges in die Staaten zu ermitteln.

Wenn Sie Abmessungen von Schränken oder anderen größeren Möbelteilen erfassen, erleichtert dies ebenfalls die Angebotserstellung. Ein korrektes Angebot benötigt Informationen darüber, mit wie vielen Personen Ihre Möbel getragen werden müssen. Bei einem Klavier kommen Sie mit nur einer Hilfskraft wohl kaum aus, es sei denn, Sie kennen Hulk persönlich.

Ihre Inventarliste dient nicht nur zur Überprüfung des Frachtumfangs. Sie hilft Ihnen im Falle eines Schadens ebenso nachzuweisen, dass die in der Liste erfassten Möbel tatsächlich in die USA transportiert wurden. Sollte etwas futsch sein, liegt die Schuld nachweisbar nicht bei Ihnen und fehlende oder beschädigte Gegenstände können ersetzt werden.

Vorbereitungen in Deutschland

Transportversicherung

Wenn der geliebte Flügel zu Schaden gekommen ist, muss die Schuldfrage einwandfrei geklärt werden. Sonst sehen Sie weder Geld noch das Inventar im Urzustand jemals wieder. Ihre Spedition wird Ihnen eine Transportversicherung anbieten, überlegen Sie sich, ob Sie diese dort abschließen möchten. Es kommt vor, dass ein Transportunternehmen die Versicherungsansprüche anzweifelt, und dann haben Sie ein Problem.

Ihr Inventar bei einem dritten, unabhängigen Anbieter zu versichern, ist demnach meist die sicherere Alternative. Die Kosten für eine Absicherung über einen dritten Versicherungsanbieter liegen in der Regel bei ein bis drei Prozent des zu versichernden Haushaltswertes.

Wichtige Angaben für ein Transportangebot

Wenn Sie die Inventarliste erstellen, ist es nützlich, alle größeren und großflächigen Möbelstücke zu vermessen. Zählen Sie außerdem zusammen, wie viele Kartons Sie für den Umzug benötigen und messen Sie den Karton selbst nach. Das Transportunternehmen benötigt das Volumen der Kartons, um es für ein vernünftiges Angebot in Kubikmeter umzurechnen.

Errechnen Sie nach Fertigstellung der Liste das Volumen der Möbelstücke und der Kartons, damit Sie dem Unternehmen ein Gesamtvolumen nennen können.

Wenn Sie ein Angebot anfragen, kann auch die Angabe, ob Sie im Dachgeschoss eines Fünf-Parteien-Hochhauses wohnen oder Sie zu den Kellerkindern gehören, sinnvoll sein. Ihre Wohnsituation macht sich auf der Abrechnung des Transportunternehmens sicherlich bemerkbar. Wenn Sie im Dachgeschoss wohnen und Ihr Haus keinen Aufzug besitzt, wäre das auch ein Nachteil. Es gibt Transportunternehmen, die einzelne Treppenstufen zählen, um ihr überteuertes Angebot zu begründen.

Teilen Sie neben all diesen Informationen dem Unternehmen mit, wo der Laster am Tage des Auszuges geparkt werden kann und wie der Lkw-Fahrer am schnellsten zu Ihrem Haus gelangt, ohne lästige Umwege zu machen.

Preisvergleich

In der Regel werden Preise nach Frachtumfang, Strecke des Transports, anhand der Art Ihrer Möbel und der Mitarbeiteranzahl, die für Ihren Auftrag eingesetzt werden müssen, berechnet. Jeder Kubikmeter macht sich auf dem Angebot preislich bemerkbar. Um einen Kostenvoranschlag machen zu können, benötigt die beauftragte Spedition genaue Angaben. Die meisten Transportunternehmen sichern Ihnen das vollständige Verpacken Ihrer Möbel zu sowie die Übernahme der kompletten Organisation des Transportes. Viele Unternehmen haben ihren Service erweitert und bieten weitaus mehr als das bloße Transportieren der Möbel an. Mitarbeiter können Ihnen Hilfestellung bei Eröffnen des ersten Bankkontos in Amerika geben oder

Vorbereitungen in Deutschland

die Anmeldung des Kindes in der neuen Schule übernehmen. Fragen Sie hierzu explizit bei Ihrem Ansprechpartner der Spedition nach.

Luft- oder Seefracht

Je nach Volumen wird eine Luft- oder Seefracht in Frage kommen. Eine Verschiffung dauert länger, kostet aber weniger als der Transport im Flugzeug. Für Ihren Fall müssen Sie jegliche Fragen mit dem Verantwortlichen Ihres Transportunternehmens abklären. Zum Angebot werden Sie einen direkten Ansprechpartner an die Hand bekommen, sollten Sie sich nach Vergleich aller Kostenvoranschläge für ein Unternehmen entschieden haben. Nicht unbedingt das günstigste Angebot ist für Ihre Reise allein entscheidend, der Serviceumfang sollte mindestens genauso beachtet werden.

Transport von Auto und Motorrad

Grundsätzlich können Sie Fahrzeuge für den persönlichen Gebrauch zollfrei für einen Zeitraum bis zu einem Jahr mit in die USA nehmen. Wenn Sie als Einwanderer mit einer Daueraufenthaltsgenehmigung in die Staaten reisen und Ihr Fahrzeug mit ins neue Leben nehmen wollen, könnte ein Transport erhebliche Probleme mit sich ziehen.

Sollte zum Beispiel Ihr Auto nicht baugleich im amerikanischen Handel erhältlich sein, wird es als privater Import gehandhabt. Dann liegen den zuständigen US-Behörden keine

Abgas- und Sicherheitstestwerte vor. Alle europäischen Dokumente werden Ihnen da auch nicht weiterhelfen, da der deutsche TÜV in Amerika nicht anerkannt ist. Und ohne eine Freigabe der Behörden wird Ihr Auto vom Zoll nicht freigegeben oder muss zunächst den amerikanischen Bestimmungen entsprechend in einer Werkstatt umgerüstet werden.

Sie sehen, dass ein Verkauf des Fahrzeuges in Deutschland lohnt. Sie ersparen sich Ärger und Geld und können sich vor Ort ein neues, tolles Auto kaufen.

⚓ Zollabfertigung

Es wäre unlustig, sollten Sie bei der Einreise wegen des Verdachts eines geplanten Verbrechens in Gewahrsam genommen werden. Anlass können Lebensmittel oder Produkte sein, die Sie eingepackt haben, aber nicht in die USA mitnehmen dürfen.

Im schlechtesten Fall müssen Sie mit einem Verfahren rechnen, das sich erheblich vom Straf- und Strafprozessrecht in Deutschland unterscheidet.

Dem unschönen Desaster können Sie entgehen, indem Sie darauf achten, was Sie in den Koffer packen dürfen.

Vorbereitungen in Deutschland

Rauschmittel

Schon der Besitz einer geringen Menge Rauschmittel zieht eine lebenslange Einreisesperre nach sich und führt zu langjährigen Haftstrafen.

Alkohol

Lassen Sie Alkohol zu Hause. Schon das sichtbare Mitführen alkoholischer Getränke ist in Amerika unter Strafe gestellt.

Rauchen

Halten Sie auf allen Orten Ihrer Reisestationen die Rauchverbote ein, besonders auf amerikanischem Grund und Boden. Wollten Sie nicht sowieso aufhören? Fangen Sie bei der Einreise doch damit an.

Tiere

Wenn Sie Bello oder Mimi mitnehmen, benötigen Sie eine Gesundheitsbescheinigung. Das Tier darf keine auf den Menschen übertragbaren Krankheiten haben und sollte spätestens 30 Tage vor Einreise gegen Tollwut geimpft werden. Einen Impfpass müssen Sie bei Aufforderung vorlegen.

Im Bundesstaat Hawaii und den Territorien Guam und Amerikanisch-Samoa unterliegen Hunde einer 120-tägigen Quarantäne.

Lebensmittel

Geröstete Kaffeebohnen, geröstete Nüsse (aber auch nur geröstete!) oder kandierte Früchte und andere Nahrungsmittel dürfen Sie mitnehmen. Die Verbotsliste hingegen ist um einiges länger. Bestimmungen des amerikanischen Landwirtschaftsministeriums verbieten die Einfuhr von frischem, getrocknetem oder in Dosen eingemachtem Fleisch. Das Wurstbrot sollte schnell verzehrt werden, da bei Kontrollen Schnüffelhunde eingesetzt werden.

Medikamente

Betäubungsmittel sowie sonstige abhängig machende Medikamente dürfen nicht mit nach Amerika. Dazu gehören auch Hustenmedizin, harntreibende Substanzen, Herz-, Beruhigungs- und Schlafmittel sowie Antidepressiva oder Aufputschmittel.

Benötigen Sie aus gesundheitlichen Gründen ein bestimmtes Medikament, müssen Sie eine schriftliche Erklärung Ihres Hausarztes (auf Englisch) vorlegen können, um die medizini-

Oldtimer

Oldtimer-Liebhaber dürfen ihr gutes altes Stück gerne mitnehmen. Bei diesem speziellen Fahrzeugtransport gibt es jedoch Voraussetzungen, die erfüllt werden müssen, bevor die Räder auf amerikanischen Boden rollen dürfen. Alle nötigen Informationen und Bestimmungen zum richtigen Transport erhalten Sie bei dem zuständigen Straßenverkehrsamt (Department of Transportation) online unter www.dot.gov.

Vorbereitungen in Deutschland

sche Notwendigkeit nachzuweisen. Legen Sie die Medikamente beim Kofferpacken sichtbar in einen Plastikbeutel.

❧ Der Möbelverkauf in Deutschland

Nun ist es so weit, Sie müssen Abschied nehmen. Nichts bleibt dort, wo es war. Für den Verkauf Ihrer Möbel haben Sie viele Optionen.

Verkauf über das Internet

Im Internet finden sich unzählige Marktplätze, in denen Sie Ihre guten Stücke verkaufen können. CDs, Bücher und die Weihnachtsdekoration können Sie dort wunderbar loswerden, für diese Schätze finden sich immer Interessenten.

Neben Anzeigenmärkten, in denen Sie nach passenden Käufern stöbern können, gibt es zudem die Möglichkeit, das Produkt in einem der Online-Auktionshäuser (zum Beispiel Ebay) anzubieten.

Verkauf über eine Ausschreibung

Die Stadtzeitung, das Anzeigenblättchen aus dem Ort oder Verwandte und Freunde sind ebenfalls eine prima Möglichkeit, Ihre Habseligkeiten loszuwerden.

Hängen Sie dazu Infoblätter mit einer genauen Produktbeschreibung und einem Foto in gut besuchte Lokale Ihres Ortes oder an die Pinnwand des Supermarktes. Das Schwarze Brett der Firma ist auch bestens für diese Zwecke geeignet.

Verkauf Ihres Autos

Haben Sie einen befreundeten Automechaniker an der Hand?

Machen Sie es wie ich. Bringen Sie ihm das Auto und lassen Sie verkaufen. Denn wenn Sie nicht das nötige Fachwissen mitbringen, ist es schwierig, das Fahrzeug zu einem passablen Preis zu verkaufen. Sie möchten sich schließlich in Amerika einen neuen Wagen zulegen und benötigen die finanziellen Mittel dazu.

Machen Sie sich im Internet schlau über gleiche oder ähnliche Fahrzeugtypen und deren Verkaufsanzeigen, damit Sie einschätzen können, wie hoch die Summe ist, die Sie bei dem Verkauf für Ihr Fahrzeug erwarten können.

Die in Deutschland bekannte Schwacke-Liste, welche mehr als 30.000 Pkw-, Geländewagen- und Transporter-Typen sowie zehn Millionen Serien- und Sonderausstattungsmerkmale umfasst, wird Ihnen anhand der Datenbank

Weitere Zollvorschriften

Weitere Information zu Einfuhrbeschränkungen und Verboten finden Sie auf der Internetseite des U.S. Customs & Border Protection www.cbp.gov und auf der Seite des Health and Human Service Department der USA www.hhs.gov.

Vorbereitungen in Deutschland

ebenfalls Auskunft darüber geben können. Herausgeber der Schwacke-Liste ist die Firma EurotaxSchwacke aus der Schweiz, die mit ständiger Aktualisierung dafür sorgt, dass die Fahrzeugbewertung auf dem neuesten Stand bleibt.

Doch machen Sie sich hier keine Illusionen: Inwieweit die theoretische Wertermittlung mit dem derzeitigen Fahrzeugmarkt übereinstimmt ist fraglich. Schlussendlich ist es bei einem Auto wie bei allen anderen Handelsgeschäften: Angebot und Nachfrage bestimmen den Preis. Nehmen Sie daher die Schwacke-Liste nur als Richtwert.

Alternativ können Sie einige Euro investieren und in den bekannten TÜV- und DEKRA-Stellen eine unabhängige Wertermittlung machen lassen. Das macht sich bei einem Privat-Verkauf sehr gut und fördert das Vertrauen des neuen Autobesitzers in den Kauf Ihres Fahrzeuges.

Wohnungsanzeige

Auf der Suche nach einem geeigneten Nachmieter für meine kleine Appartement-Wohnung bin ich im Internet sehr schnell fündig geworden. Für meine Annonce bei dem Anbieter „ImmobilienScout" räumte ich meine Wohnung auf und machte mit der Digitalkamera Bilder von den schönsten Ecken. Für eine genaue Wohnungsbeschreibung nahm ich mir

Zeit. Nach Erstellung meiner Online-Anzeige dauerte es nicht lange und ich bekam drei Anrufe – noch am gleichen Abend. Diese Vorgehensweise kann ich Ihnen ans Herz legen.

In diesem Internetportal können Sie kostengünstig Häuser und Wohnungen anbieten, sei es zum Verkauf oder zur Miete.

Eine Alternative zum Internet bietet die Tageszeitung an. Mit einer Anzeige – wenn möglich am Wochenende, wenn sich die meisten Leser Zeit für die ausgiebige Studie der Zeitung nehmen – sollte sich schnell ein Nachfolger finden lassen.

Schenken macht glücklich

Wenn sich Habseligkeiten noch in Ihrem Besitz befinden, die Sie nicht loswerden und nicht mit in die USA nehmen möchten, rufen Sie bei einem Hausratverwertungsunternehmen oder einer Entrümplungsfirma an. Die Firmen holen kostenlos Möbel und allerlei, für andere eventuell noch nützlichen, Schrott bei Ihnen zu Hause ab. Adressen dieser Unternehmen finden Sie im Lokalanzeiger oder der Stadtzeitung.

Die Caritas, das Rote Kreuz, Synanon und weitere soziale Einrichtungen nehmen ebenfalls halbwegs intakte Möbel gratis an und holen sie bei Ihnen zu Hause ab. Ebenso freuen sich Kinder- oder Pflegeheime über Regal oder Schrank.

Vorbereitungen in Deutschland

⚹ Steuern

Das Thema Steuern und Einkommenserklärung wird Sie im Jahr nach Ihrer Einwanderung besonders beschäftigen. Durch die Einreise in die USA sind nicht nur mehrere Steuererklärungen vonnöten sondern das Steuerrecht ist in jedem Land auch ein anderes. Um Licht ins Dunkle zu bringen, führe ich die wichtigsten Unterschiede an und zeige Ihnen auf, in welche Hände Sie sich begeben können, sollten Sie Rat brauchen.

Steuern in Deutschland

Sowohl die Steuerbehörde in Deutschland als auch die Steuerbehörde des Bundesstaates, in dem Sie sich nach der Einreise in die USA aufhalten werden, wird Ihnen bei wichtigen Fragen zum Thema Steuern und Steuererklärungen telefonisch oder sogar persönlich eine Hilfe sein. Da Sie künftig in Amerika Ihre Steuererklärung abgeben müssen, steht Ihnen zusätzlich eine Zweigstelle der amerikanischen Bundessteuerbehörde „Internal Revenue Service" (IRS) im Konsulat Frankfurt zur Verfügung. Dort bekommen Sie eine Broschüre mit allen nötigen Angaben sowie eine ausführliche Tabelle zum Abführen der zu zahlenden Steuern in Amerika.

Steuern in Amerika

Wie hoch die Einkommenssteuer in den USA ist, hängt davon ab, wo Sie arbeiten werden. Die drei bundesstaatlichen Ebenen Föderation, Staaten und Kommunen dürfen jeweils rechtmäßig eine Einkommenssteuer (income tax) erheben.

Für eine Steuererklärung benötigen Sie eine Sozialversicherungskarte (social security card), die Sie nach Ankunft in den Staaten umgehend anfordern müssen. Das wichtige Dokument weist Sie ab dem Zeitpunkt als offiziellen Einwohner der USA aus und durch Erhalt dieser Karte ist Ihnen eine bestimmte Nummer zugewiesen, die für die Steuererklärung erforderlich ist. Wie Sie an die Social Security Card gelangen, erkläre ich Ihnen im Kapitel „Erste Schritte " gleich zu Anfang.

Ansprechpartner für Fragen rund um das Steuergesetz in Amerika wird das örtliche Büro der Bundessteuerbehörde IRS sein. Neben persönlichen Tipps erhalten Sie hier auch Broschüren wie die, in der alle amerikanischen Steuerrichtlinien für Ausländer (U.S. Tax Guide for Aliens) verzeichnet sind.

Schenken im Internet

Verschenken Sie doch einfach Ihre übrig gebliebenen Möbel und Kleinkram, den Sie nicht loswerden. Im Internet können Sie unter www.alles-und-umsonst.de viele Menschen glücklich machen, die genau das brauchen können, was Sie anzubieten haben.

Vorbereitungen in Deutschland

Amerikaner und Zuwanderer lassen sich bei der Einführung in die Thematik zum Teil oder zusätzlich gerne von einer kommerziellen Software helfen. Drehen sich Ihre Fragen um die richtige Beratung oder um eine Do-it-yourself-Software, kann ich Ihnen die Internetseite des US-Unternehmens H&R Block (www.hrblock.com) empfehlen. Das Angebot dieses Unternehmens ist überaus vielfältig. Nach meiner gründlichen Recherche greifen viele Einwanderer auf ein Angebot dieses Unternehmens immer wieder gerne zurück.

Viele Aufwendungen, die Sie in Deutschland steuerlich absetzen können, sind in den USA nicht absetzbar, dazu zählt auch unter anderem die Fahrt zur Arbeit. Diese Aspekte variieren von Bundesstaat zu Bundesstaat, weshalb Sie bei einem Steuerberater zunächst gut aufgehoben sein werden.

Die Steuererklärung

Wie bereits kurz erwähnt, genügt nicht nur eine Steuererklärung in Amerika. Zu der Erklärung, die Sie jährlich für die Bundesregierung machen (federal income tax) kommt höchstwahrscheinlich eine Steuererklärung für den Bundesstaat, in dem Sie leben (state income tax). Nur wenige Bundesstaaten erlassen dem Einwohner diese State Income Tax: Alaska, Florida, Nevada, South Dakota, Texas, Washington und Wyoming.

Bestimmte Großstädte, zu denen auch New York City zählt, erheben dazu eine eigene kleine Einkommenssteuer. Womit wir bei der dritten Steuererklärung wären, die Sie anzufertigen haben.

Da Ihr Einkommen im Umzugsjahr in einen deutschen und einen amerikanischen Anteil zerfällt, sind Sie nicht davon verschont, eine vierte Erklärung machen zu müssen. Die Steuererklärung für Deutschland. Spätestens an dieser Stelle erlaube ich Ihnen kurz den Gedanken zu hegen, doch in Deutschland zu bleiben. Denn wie Sie lesen, ist das deutsche Steuergesetz lang nicht so aufwändig wie das der Amerikaner.

Wichtig für Ihre Steuererklärung

Die amerikanischen Steuerabgaben werden durch mehrere Faktoren bestimmt. Neben der Information, wie viele Familienmitglieder Sie zählen, sind Angaben über Ihre Investitionen für Altersvorsorgende Programme ausschlaggebend.

Informationen über weitere Faktoren, die Ihre persönliche Abgabe bestimmen, finden Sie in der Broschüre 54 oder in den Steuerrichtlinien für amerikanische Staatsbürger und im Ausland ansässige Ausländer („Tax Guide for U.S. Citizens and Resident Aliens Abroad"), welche Sie in Ihrer örtlichen Behörde erhalten.

Vorbereitungen in Deutschland

Einsendeschluss jeder amerikanischen Steuererklärung ist immer der 15 April.

Die für die Steuererklärung notwendigen Formulare finden Sie nicht nur bei der Steuerbehörde, sondern auch in Postämtern oder der örtlichen Bibliothek (library).

Individual Taxpayer Identification Number

Als zukünftiger Steuerzahler benötigen Sie eine Individual Taxpayer Identification Number (ITIN). Bei der ersten Steuererklärung wird der Antrag auf diese Nummer fällig.

Dazu müssen Sie die Steuerbehörde IRS aufsuchen und den Antrag auf eine ITIN stellen.

Der Steuerberater

Besonders in Ihrem ersten Jahr im neuen Land sollten Sie auf eine erfahrene Kraft wie einen Steuerberater (tax accountant) zurückzugreifen. Sie sparen nicht nur jede Menge Zeit. Der professionelle Berater nimmt Ihnen die komplette Arbeit ab, was mit Kosten einhergeht, jedoch für Sie am sichersten ist - kennt er sich mit den Steuerrichtlinien im Land wahrscheinlich viel besser aus als Sie oder der amerikanische Freund aus dem Sportverein.

Steuerberater finden Sie entweder über das Internet oder über Geschäfts– oder sonstige Kontakte in den Staaten.

Tax Preparation Service

Ein professioneller Berater eines Steuerbüros (tax preparation service) kann Ihnen ebenso gut helfen, sich durch das Wirrwarr Ihrer Unterlagen für die erste US-Steuererklärung zu kämpfen. Sollten Sie sich für das kommende Jahr die wichtigsten Kniffe abgucken wollen, um die Prozedur im Alleingang bewältigen zu können, ist der Tax Preparation Service die beste Möglichkeit. Gemeinsam werden Sie mit dem Ihnen zugewiesenen Mitarbeiter die Steuererklärungen für Federal Tax und State Income Tax erstellen. Sie bekommen dazu einen Termin in einem ört-

Vorbereitungen in Deutschland

lichen Steuerbüro und bringen zu diesem alle Unterlagen mit, die für eine Steuererklärung wichtig sein können.

Der Tax Preparation Service kostet weniger Honorar als Ihnen der ausgebildete Steuerberater abverlangt. Die Professionalität hängt von dem Mitarbeiter ab, der Sie unterstützt. Wenn der Mitarbeiter bereits länger im Steuerbüro tätig ist, wird er sich auch besser mit der Materie auskennen.

⚡ Führerschein- und Fahrerlaubnis

Auch wenn Sie einen deutschen Führerschein besitzen, bedeutet das noch lange nicht, dass Sie sich in Amerika gleich in das nächste Fahrzeug setzen dürfen, um die Straßen unsicher zu machen. Grundsätzlich ist das amerikanische Führerscheinrecht von Bundesstaat zu Bundesstaat unterschiedlich geregelt. Wo ein Deutscher in Florida lediglich eine theoretische Prüfung absolvieren muss, um den amerikanischen Führerschein zu erwerben, müssen in New York Theoriestunden nachgewiesen werden, an denen die Fahranfänger teilnehmen müssen. Bei der Einreise auf Dauer benötigen Sie einen US-Führerschein. Wie Sie das anstellen, das erfahren Sie jetzt.

Der deutsche Führerschein

Die USA haben ein Übereinkommen mit den meisten Ländern, zu denen auch Deutschland gehört, welches besagt, dass ein ausländischer Führerschein für die Dauer von bis zu einem Jahr zum Mieten eines Wagens gültig ist. Dies gilt demnach auch für den deutschen Führerschein.

Wenn Sie sich entscheiden, in Amerika leben und arbeiten zu wollen, kommen Sie um einen amerikanischen Führerschein nicht herum.

Voraussetzungen, um in Amerika Auto fahren zu dürfen

Es ist von Bundesstaat zu Bundesstaat anders geregelt, wie Sie sich im Straßenverkehr verhalten müssen. Was die Rechtsordnung und das Führerscheinrecht anbelangt, hat jeder Bundesstaat andere Vorstellungen. Im Groben kann ich Ihnen aufzeigen, wie Sie zu einer der begehrten Plastikkarten kommen, die es Ihnen erlaubt, in den USA Auto zu fahren.

Um den US-Führerschein in den Händen halten zu können, müssen Sie folgende Voraussetzungen erfüllen: Bestehen einer schriftlichen Theorieprüfung, Bestehen einer praktischen Fahrprüfung und Bestehen eines Tests über die Kenntnisse aller Verkehrszeichen. Außerdem

Vorbereitungen in Deutschland

gehören ein Sehtest, vernünftige englische Sprachkenntnisse (um die Verkehrszeichen richtig zu verstehen) und der Nachweis Ihres legalen Aufenthalts im Land zu den wichtigsten Bedingungen.

Das Mindestalter für den Erwerb eines Pkw-Führerscheins (deutsche Führerscheinklasse B) beträgt in den meisten Bundesstaaten 16 Jahre.

Wie Sie das Fahren lernen, ist Amerikanern im Prinzip egal. Es existieren zwar Fahrschulen, praktische Fahrstunden sind jedoch keine weitere Bedingung für den Erwerb des Führerscheins. Nicht einmal eine bestimmte Anzahl an Übungsfahrstunden ist vorgegeben. Lassen Sie sich das Autofahren auf amerikanischen Straßen von einem Freund, Kollegen oder Bekannten beibringen. Es ist ganz gleich, wer neben Ihnen sitzt, solange die Person im Besitz des US-Führerscheines ist. Für Väter ist das eine nette Sache, um mit dem Sohnemann am Wochenende Zeit zu verbringen.

Wie viel kostet der Führerschein?

In Amerika macht der Erwerb des Führerscheins noch Spaß. Nicht nur, dass der Führerschein durch die Fahrstunden, die Sie nicht bezahlen geschweige denn nehmen müssen, um einiges günstiger ist als in Deutschland. Die neue bunte Plastikkarte im Visitenkartenformat, die Ihnen ab sofort zur Identifikation den Personalausweis ersetzt (den es in Amerika nicht gibt), kostet je nach Bundesstaat um die

150 US-Dollar. Allerdings gilt der Führerschein zunächst nur fünf Jahre. Jeder Inhaber muss seine kleine Karte nach fünf Jahren erneuern lassen.

Die Anmeldung zum Führerschein

Eine Anmeldung für die Führerscheinprüfung erfolgt bei der örtlichen Führerscheinstelle (Department of Motor Vehicles). Betonen Sie bei der Anmeldung, dass Sie einen internationalen Führerschein besitzen, länger als ein Jahr in Amerika sind und auf den US-Führerschein umsatteln möchten. Zeigen Sie dazu den alten Führerschein und Ihre neue Sozialversicherungskarte (Social Security Card) vor. Vielleicht hilft es Ihnen, die eine oder andere Prüfung umgehen zu können. Ein bisschen Glück gehört immer dazu.

Nach dem Antrag, der mit einer kleineren Gebühr belegt sein wird, dürfen Sie sich vor eine blaue Wand stellen. Es wird ein schickes Foto gemacht und Ihnen gleich noch der Fingerabdruck des Daumens abgenommen. Sollten Sie sich fit genug fühlen, geleitet Sie ein Mitarbeiter auf direktem Weg zum theoretischen Test an einen Computer.

Theoretische Führerscheinprüfung

Ohne vorherige Übung ist der theoretische Führerscheintest kein Zuckerschlecken, da sich nicht nur die amerikanischen Straßenschilder erheblich von den deutschen Schildern

Vorbereitungen in Deutschland

unterscheiden. Abhilfe schafft das US-Führerschein-Handbuch (driver's manual), welches in jeder örtlichen Führerscheinstelle im Regelfall kostenlos ausliegt.

Sollten Sie den ersten theoretischen Test nicht bestehen, dürfen Sie bei einigen Führerscheinstellen am selben Tag gleich noch mal ran und so lange den Test machen, bis Sie endlich bestanden haben. In einigen Großstädten ist es möglich, um einen deutschen Testbogen zu bitten.

Praktische Führerscheinprüfung

Nach bestandenem Theorieteil werden Sie vielleicht eine praktische Prüfung machen müssen, was abhängig vom Bundesstaat ist, in dem Sie wohnen.

Für den praktischen Prüfungsteil haben Sie nach der erfolgreichen Teilnahme am Theorietest mit einem Fahrprüfer einen Termin vereinbart. Zur Prüfung dürfen Sie mit einem Mietwagen, dem eigenen Wagen oder mit dem Wagen eines Bekannten vorfahren, was sehr komisch ist - mit dem eigenen Pkw zur eigenen Prüfung erscheinen zu dürfen, bringt mich heute immer noch zum Schmunzeln.
Dem meist zehnminütigen praktischen Fahrtest

können Sie sehr gelassen entgegensehen. Sie werden je nach Lust und Laune Ihres Prüfers entweder um den Block dirigiert oder können kurz zum nächsten Supermarkt fahren und sich dann wieder auf den Rückweg machen.

Was dem Prüfer wichtiger sein wird als Ihr Fahrstil ist die Einhaltung der strengeren Vorfahrtsregeln auf amerikanischen Straßen. Bereiten Sie sich ebenfalls darauf vor, dass der Prüfer das mitgebrachte Auto vor Abfahrt genauer unter die Lupe nimmt, bevor er da mit einsteigt.

Die Straßen von Amerika

In Amerika sollten Sie sich an alle Verkehrsschilder halten - und davon gibt es sehr viele unterschiedliche. Nicht selten flitzt Ihnen bei Nichtbeachtung ein Cop auf seinem Motorrad hinterher, den Sie zuvor gar nicht gesehen haben. Die Polizei nimmt die Straßenregelung sehr ernst, auch innerhalb der typisch amerikanischen Wohnsiedlungen, die ich Ihnen im Kapitel „Erste Schritte" unter „Wohnkomplexe Communities" genauer erläutere.
Die verschiedenen Verkehrsschilder, die Sie aus Deutschland nicht kennen, lernen Sie aus dem Führerschein-Handbuch, das Sie in der zuständigen Führerscheinstelle erhalten haben.

Vorbereitungen in Deutschland

Ein Blick aus dem Flugzeug genügt und Sie erkennen schnell die strukturierte Anordnung der amerikanischen Straßen - ähnlich eines Schachbrettmusters

Das amerikanische Straßennetz

Amerikanische Straßenpläne lassen sich mit einem Schachbrettmuster vergleichen. Richtungen werden nicht wie in Deutschland üblich über Städte sondern anhand der vier Himmelsrichtungen angegeben.

Sogenannte Interstates (Autobahnen) führen durch das ganze Land und sind die schnellste Verbindung von einem zum anderen Ort. Viele Ortschaften werden von Zug und Bus nicht angefahren, weshalb das Auto für Amerikaner Hauptverkehrsmittel ist.

Was sind Interstate Highways?

Die Interstate Highways sind das amerikanische Pendant zu den deutschen Autobahnen. Interstates führen Sie über weitreichende Strecken durch ganz Amerika und verbinden die Bundesstaaten miteinander. Abgekürzt werden sie mit einem „I" und der Nummer, die eine Straße kennzeichnet, zum Beispiel „I-75".

Interstate Highways sind meist sechs- oder mehrspurig.

Die Nummerierungen der Interstates sind systematisch. Nord-Süd-Verbindungen werden mit ungeraden (von der I-5 entlang der Pazifikküste bis zur I-95 an der Atlantikküste) und Ost-West-Verbindungen mit geraden Nummern (von der I-8 an der mexikanischen Grenze bis zur I-94 an der kanadischen Grenze) angegeben.

Was sind Federal Highways?

Federal Highways sind kleinere Highways, die auch durch Ortschaften verlaufen können. Sie sind ab und zu mit Ampeln und Kreuzungen versehen.. Die Abkürzung für Federal Highways lautet „US" plus Nummer des Federal Highways.

Die Nutzung von Interstates und Federal Highways kann Gebührenpflichtig sein.

Vorbereitungen in Deutschland

Vorsicht auf den Highways

Fahren Sie auf amerikanischen Autobahnen vorsichtig. Ich selbst erlebte Schrottkisten vor mir, bei denen es an ein Wunder grenzte, dass diese Fahrzeuge nicht in Einzelteile auseinanderfielen. Da es in Amerika keinen einheitlich geregelten TÜV wie in Deutschland gibt, wird besonders das Fahrzeug ärmerer Menschen bis zum bitteren Ende gefahren.

Nicht selten kommt es vor, dass Sie auf dem Seitenstreifen eines Highways kaputte Reifen oder andere Wagenteile herumliegen sehen.

Jedem Exit-Schild ist eine Nummer für eine Abfahrt zugeordnet – wie hier auf dem Bild „Exit 2". Gute Autokarten enthalten immer auch Angaben zu Exits mit ihrer Nummer, was nützlich ist, wenn Sie sich verfahren haben.

Überholen auf den Highways

Das Schöne an amerikanischen Highways ist, dass Sie legal links und rechts überholen dürfen, solange Sie kein anderes Fahrzeug neben oder hinter sich schneiden und ausbremsen. Das ist in Deutschland nicht nur verpönt sondern auch verboten.

Amerikanische Fahrspuren (lanes) sind breiter als die, die Sie aus Deutschland kennen, ein Überholvorgang fällt leichter und bringt nicht so ein hohes Risiko mit sich.

Über das Tempolimit

Das amerikanische Tempolimit (speed limit) ist niedriger als das Tempolimit in Deutschland. Stellen Sie sich auf gemächlichere Autofahrten

ein. Die Höchstgeschwindigkeit auf dem Highway liegt bei 100-120 km/h – angegeben in amerikanischen miles per hour sind das 60 bis 75 mph. Zur Geschwindigkeitskontrolle werden regelmäßig nicht nur Zivilfahrzeuge sondern auch Flugzeuge, Hubschrauber und Streifenwagen mit Radar eingesetzt. Sich nicht an die Tempovorschriften zu halten, kann sehr teuer werden.

Die amerikanische Ausfahrt

In Deutschland gibt es Ausfahrten (exits) in der Regel nur auf der rechten Seite, selten kommt es vor, dass Sie links abbiegen können. In Amerika müssen Sie sich öfter quer über den Highway hangeln, um die Ausfahrt nicht zu verpassen - viele Exits führen links von der Autobahn ab.

Vorbereitungen in Deutschland

Festnahmen und strenge Kontrollen von Verkehrssündern finden nicht nur in Hollywood- Filmen statt. Auch im Alltag – besonders in den Großstädten - werden Sie regelmäßig US-Polizisten beim Einsatz sehen.

Exits liegen zudem weit voneinander entfernt, sodass es eine Weile dauert, bis Sie umdrehen können, sollten Sie eine Ausfahrt verpasst haben.

Was ist zu tun, wenn Sie angehalten werden?

An vielen Ampeln in den Staaten werden Sie Polizisten auf ihrem Motorrad sitzen sehen, deren Argusaugen umherschweifen. Lassen Sie

sich durch die Cops nicht verunsichern. Solange Ihre Fahrweise nicht aus dem Rahmen fällt, werden Sie nicht angehalten. Sollte es doch vorkommen, bleiben Sie ganz ruhig.

Fahren Sie bei der nächsten Gelegenheit rechts ran und bleiben Sie im Wagen sitzen. Der Polizist wird nach kurzer Zeit an Ihr Fahrerfenster treten und Ihr Nummernschild prüfen wollen. Die Überprüfung kann etwas dauern, sollte Sie aber nicht beunruhigen. Der Polizist

Vorbereitungen in Deutschland

will nur sicherstellen, dass Ihr Auto für die Straße zugelassen ist. Der Officer wird Sie nach Ihrem Führerschein – seltener nach Ihrer Social Security Number – fragen, da er sichergehen möchte, dass Sie sich als Ausländer legal im Land aufhalten.

Sollten Sie tatsächlich zu schnell gefahren sein oder bei einem „STOP"-Schild nicht angehalten haben, bekommen Sie ein Knöllchen (ticket) und Sie dürfen normalerweise gleich weiterfahren.

Turnpikes und Toll Stations

Amerikanische, autobahnähnliche und zugleich gebührenpflichtige Schnellstraßen werden auch „turnpikes" genannt. Möchten Sie eine dieser Turnpikes befahren, ziehen Sie bei der Auffahrt (ramp) ein Ticket aus einem Automaten und fahren weiter, bis sie die nächste Mautstation (toll station) erreichen. Dort müssen Sie die Gebühr für die Nutzung der Straße entrichten. Sollte Ihnen das nötige Kleingeld für die Bezahlung am Automaten fehlen, fahren Sie das Kassierhaus an.

Tanken in Amerika

Generell füllen Sie den Tank Ihres Fahrzeuges in Amerika mit Sprit von der Tankstelle (gas station). Sie werden allerdings keine Liter sondern Gallonen tanken. Eine Gallone entspricht 3,785 Liter, wenn Sie umrechnen möchten, wie viel Liter Sie regelmäßig verfahren.

Sie können bei dem Sprit zwischen unverbleitem Benzin oder Diesel wählen. Unverbleites Benzin gibt es in verschiedenen Oktanzahlen, meist werden Sie dafür Bezeichnungen wie "regular", „premium" oder "silver" vorfinden, aus denen Sie wählen können. Hierzu fragen Sie Ihren Autoverkäufer, was Sie tanken müssen, oder Sie schauen im Handbuch des Fahrzeuges nach.

An fast allen US-Tanksäulen finden Sie einen Schlitz für Ihre Kreditkarte vor. Das Plastikkärtchen schieben Sie durch den Kartenleser und folgen den Anweisungen, die Sie der Anzeigetafel entnehmen können.

Reifendruck messen

Um den Reifendruck Ihres Fahrzeuges zu messen, gibt es in Amerika praktische Handmessgeräte (air gauge). Diese Messgeräte erhalten Sie entweder bei Ihrem Autohändler, oder Sie fragen den Tankwart danach, wenn Sie es nur kurz borgen möchten. Reifenluft wird in „psi" (pounds per square inch,: Pfund pro Quadratzoll) gemessen.
Wie viele psi Ihre Reifen vertragen, entnehmen Sie dem Fahrzeughandbuch.

Arbeit

Arbeiten in den USA

Die Arbeitsphilosophie der Amerikaner unterscheidet sich wesentlich von der Moral, die in Deutschland verbreitet ist. Sie werden in den USA auf jede Menge Workaholics treffen. Denken Sie allein an die Supermärkte, die 24 Stunden am Tag für Sie geöffnet haben. Mitarbeiter müssen regelmäßig eine Nachtschicht einlegen. Die Arbeit an den Wochenenden gehört für Arbeitnehmer in Amerika ebenfalls zur Normalität.

❧ Arbeitsbedingungen Deutschland versus Amerika

Je nach Bundesstaat beeinflussen jedoch das Wetter, die Umgebung und der jeweilige Lifestyle positiv die Arbeitsatmosphäre. Denke ich an die depressiven Wintermonate in Deutschland, in denen ich lethargisch im Bürostuhl sitze und aus dem Fenster schaue, so ist es leicht nachvollziehbar, dass sich die Natur und die Umwelt im neuen Land durchaus positiv auf eine bessere Einstellung zur Arbeit auswirken können.

Wo wir uns in Deutschland durch den Anspruch auf 30 Tage Urlaub jährlich zurücklehnen können und Brückentage Anlass genug sind, uns für längere Zeit aus dem Arbeitsleben zu verabschieden, sind Urlaubs- und Erholungszeiten in Amerika nur beschränkt gegeben.

In Amerika erwarten Sie harte Tatsachen im Arbeitsleben. Selbst nach langer Betriebszugehörigkeit erhalten Sie selten mehr als 20 Tage bezahlten Urlaub jährlich, wenn überhaupt.

Nationale Feiertage dürfen gefeiert werden, vorbildlich ist aber Ihr Verzicht darauf, um der Arbeit nachzugehen. Im Kampf gegen die harte Konkurrenz sind Unternehmer auf Arbeitskräfte angewiesen, auch an Sonn- und Feiertagen. In der Regel gehören Banken, Behörden oder sonstige öffentliche Einrichtungen nicht dazu.

Ihr Arbeitgeber überlegt es sich schnell, Ersatz für Ihre Position zu bekommen, wenn Sie dazu neigen, des Öfteren mal krank zu werden.. Um im amerikanischen Arbeitsleben zurechtzukommen, müssen Sie sich mit der rauen Arbeitskultur zurechtfinden, wenn Sie dort überleben möchten.

Die wichtigen amerikanischen Feiertage

3. Montag im Januar ......Martin Luther King Jr. Day	2. Montag im Oktober ....Columbus Day
3. Montag im Februar ....President`s Day	11. November.......................Veterans Day
Letzter Montag im Mai ....Memorial Day	4. Donnerstag im Nov. ....Thanksgiving
4. Juli ....Independence Day	25. Dezember ....Christmas Day
1. Montag im September..........................Labor Day	

Einzelne Bundesstaaten feiern mehr wichtige Tage im Jahr, das ist von Staat zu Staat verschieden. Die amerikanische Botschaft in Berlin kann Ihnen Fragen hierzu beantworten, falls Sie bereits wissen, wohin es Sie verschlägt.

Arbeiten in den USA

Zeit ist Geld - Time is money

Pünktlichkeit und Leistung sind auf dem amerikanischen Arbeitsmarkt gefragt. Die Amerikaner arbeiten nach dem Prinzip „Time is money" (Zeit ist Geld).

Egal, ob Sie nur eine Halbtagsstelle mit Regelzeit bis zu 30 Stunden pro Woche oder einen Vollzeitjob mit 40 Stunden in der Woche ergattern: Überstunden werden selten belohnt, können Ihnen aber nützlich werden, wenn Sie hoffen, die Karriereleiter emporzusteigen. Laut einer UN-Studie arbeiten US-Angestellte im Durchschnitt 500 Stunden mehr im Jahr als wir Deutschen.
Für Amerikaner ist Motivationsfaktor Nummer Eins das Gehalt. Die Anhäufung eines großen Vermögens und der damit verbundene Wunsch nach dem optimalen Lebensstandard ist für Amerikaner oberste Priorität.

Sie sollten Ihre Ausflüge zu Nationalparks wie dem Grand Canyon, Yellowstone oder Yosemite auf den Urlaub oder in die Rentenzeit verschieben. Zeit bleibt Ihnen im Arbeitsleben dafür nicht.

Das Hire-and-Fire Prinzip

Die amerikanische Arbeitspolitik ist auch unter dem Begriff „Hire-and–Fire" (Einstellen und Kündigen) bekannt und immer noch gesellschaftlich weitestgehend akzeptiert. Kündigungsfristen gibt es ab und an erst gar nicht und so schnell Sie Ihren Job begonnen haben, so schnell kann er auch wieder vorbei sein.

Oft ist es nicht einmal Ihre Persönlichkeit, die zur Kündigung führt. Geld spielt für Amerikaner im Geschäftsleben schlichtweg die größere Rolle. Es wird immer Menschen geben, die für weniger Geld arbeiten, als Sie es derzeit tun.

„Hire-and-Fire" ist jedoch auch mit ein Grund, warum in Amerika so viele neue Geschäftserfolge zu verzeichnen sind: Jeder, der in einem Unternehmen arbeitet, ist vorrangig daran interessiert, dass der Laden läuft und so der eigene Arbeitsplatz gesicher(er) ist. Denn sonst kann jeder genau so schnell wieder gehen, wie er gekommen ist.

Der gesetzliche Mindestlohn

Der in den USA gesetzlich vorgeschriebene Mindestlohn beläuft sich aktuell auf sieben US-Dollar/Stunde. Arbeiter bekommen im Durchschnitt zwölf US-Dollar/Stunde. Das sind aber nur Richtwerte, die von Position, den Fähigkeiten und weiteren Faktoren abhängig sind, welche auch in Deutschland gelten, wenn es zu Gehaltsverhandlungen kommt.

Black Friday

Der Tag nach Thanksgiving wird auch „black friday" genannt. An diesem Tag öffnen viele Läden und Einkaufs-Malls der Umgebung ab fünf Uhr morgens die Türen und locken mit tollen Rabatten.

Arbeiten in den USA

Die Diversity

Stellen Sie sich auf einen Arbeitsplatz ein, an dem Sie mit Menschen aus unterschiedlichen Kulturen arbeiten werden. Das Vorhandensein verschiedener Nationalitäten in einem Unternehmen nennt die Wirtschaft auch „diversity".

Seien Sie nicht schüchtern und nehmen Sie genau diese Erfahrungen an, mit Menschen verschiedenster Nationalität zusammenzuarbeiten. In manch einer Sekunde werden Sie merken, warum Sie Amerika so lebensbereichernd finden.

Sonderleistungen

Neben dem üblichen Gehalt (salary) wird Ihnen Ihr Arbeitgeber bei der Verhandlung eines Arbeitsvertrages Sonderleistungen (benefits) anbieten. Sollte er das nicht tun, so fragen Sie explizit danach. Zu diesen Benefits zählen die Kranken-, Zahn- oder eine Lebensversicherung. Alle Sonderleistungen hängen neben dem guten Willen des Chefs von den aktuellen Arbeitsmarktbedingungen ab. Die Unfallversicherung (workers compensation) muss Ihr Arbeitgeber für Sie abschließen, da er dazu rechtlich verpflichtet ist. Diese Regelung gilt für Unternehmen mit vier oder mehr Angestellten, variiert aber je nach Bundesstaat.

Besondere Qualifizierung

Um eine vernünftige Ausbildung kommen Sie nicht herum. Sich über einen Arbeitgeber aus Deutschland in die Staaten versetzen zu lassen, wäre für Einwanderer der einfachste Weg, in den Staaten Fuß zu fassen.

Im Ingenieurwesen, Bankwesen, in der petrochemischen Industrie, der Wissenschaft allgemein und besonders in der Computer-, High-Tech- und Internetbranche werden Sie als gut qualifizierte Person zahlreiche Stellenausschreibungen finden, bei denen sich eine Bewerbung als Deutscher lohnen kann. Ebenso sind Technologen, wie Elektro-Ingenieure, Nano- oder Biotechnologen aus dem Ausland fortwährend gesucht.

☙ Tipps zur Arbeitssuche

Auch wenn die großen amerikanischen Städte Sie nahezu magisch anziehen, sind Ihre Jobaussichten für alle Berufsbereiche in ländlicheren Gegenden weitaus besser, da Sie dort weniger Konkurrenz erwarten können.

Zahlen und Fakten

Bei einer Einwohnerzahl von circa 305 Millionen Amerikanern liegt die Arbeitslosenzahl im Jahr 2009 bei 7,2 Prozent. Zum Vergleich: Die Quote in Deutschland liegt Anfang 2009 bei 8,3 Prozent.

Arbeiten in den USA

Anlässlich der Wirtschaftskrise, die sich Ende 2008 weltweit ausgebreitet hat, liegen Stellen nirgends mehr auf der Straße. Möglich ist aber vieles, wenn Sie sich vor Einwanderung oder danach um einen Job in den USA bemühen. Fehlen Ihnen besondere Kenntnisse in Ihrem Berufsbereich, gilt es, diese Lücken zu schließen, um Ihre Chancen zu verbessern.

Die Jobsuche über das Internet

Wer im Umgang mit dem Internet fit ist und die englische Sprache beherrscht, kann sich auf Internetseiten umsehen, deren Spezialisierung die Jobvermittlung ist. Besonders gute Adressen habe ich Ihnen am Ende des Buches aufgeführt.

Wenn Sie sich noch nicht bei Xing - dem großen deutschen Onlineportal für Business- und Geschäftskontakte - eingetragen haben, so holen Sie das nach. Xing bietet Jedermann die Chance, sich mit anderen Auswanderungswilligen in speziellen Foren auszutauschen. Sie können sich selbst potenziellen Arbeitgebern mit Unternehmen in Amerika vorstellen oder mit Menschen kommunizieren, die den gleichen Traum haben wie Sie.

Stellenanzeigen in der Zeitung

Aktuelle Stellenangebote finden Sie nicht nur in den großen amerikanischen Zeitungen wie der Washington Post oder der New York Times. Kleine lokale Blätter können ebenso informativ für Sie sein, wenn Sie nach einer passenden Stelle suchen. Sollten Sie Anzeigen für eine Managementposition suchen, können Sie auf die spezielle Zeitschrift Ihrer Branche ausweichen. Jobanzeigen finden Sie in Zeitungen häufig unter der Überschrift „Classifieds".

Jobmessen

Je weiter Sie Ihr Beziehungsnetzwerk in den USA ausbauen, desto größer sind die Erfolgsaussichten bei der Jobsuche.

Besuchen Sie Veranstaltungen der lokalen Handelskammer, oder treten Sie in regionale Ausländervereine ein. Lassen Sie jeden Bekanntenkreis wissen, dass Sie auf Jobsuche sind.

Nichts ist besser als ein persönlicher Kontakt mit den zukünftigen Arbeitgebern. Sie sollten intensiv nach Karriere- und Jobmessen in Ihrem Ort und der Umgebung Ausschau halten und diese besuchen. Messen fokussieren sich auf

Arbeitsmarkt- und Einkommenssituation

Wirtschaftsdaten der USA in sowie Informationen zur US-Arbeitsmarkt- und Einkommenssituation erhalten Sie auf der Internetseite des Instituts für Arbeitsstatistik (Bureau of Labor Statistics) unter www.bls.gov.

Arbeiten in den USA

bestimmte Branchen und Bewerbergruppen wie Hochschulabsolventen oder Menschen, die aus der Nahrungsmittelbranche kommen.

Das Interview auf einer Jobmesse

Neben einer generellen Übersicht über den Jobmarkt bietet Ihnen eine Messe auch die Möglichkeit eines Jobinterviews mit potenziellen Arbeitgebern.

Wenn Sie sich bei einem Unternehmen, das auf einer kommenden Messe vertreten ist, vorstellen möchten, müssen Sie sich dazu an den Messeveranstalter wenden. Der Messeveranstalter übermittelt Ihre Daten an das Unternehmen weiter und bei Interesse erhalten Sie einen Termin für ein Vorstellungsgespräch.

Viele amerikanische Universitäten führen eigene Karrieremessen durch, auch als Nicht-Student ist es möglich, diese zu besuchen oder zumindest - rein zufällig - daran vorbeizuschlendern.

Staatliche und private Arbeitsvermittlung sowie die Vermittlungen über den Headhunter

Mehr als 2000 staatliche Jobzentren (state employment service centers) versuchen täglich, unzählige Arbeitsplätze an die richtigen Menschen dafür zu vermitteln. Die öffentliche Einrichtung steht unter der Aufsicht der amerikanischen Arbeitsvermittlung (U.S. Employment Service) und bietet neben Jobs auch Trainingsmaßnahmen, Jobdatenbanken oder sonstige Hilfestellung an.

Einige Unternehmen suchen Bewerber mittels einer privaten Agentur (staffing companies). Eine Staffing Company selektiert für das Unternehmen geeignete Kandidaten aus der Vielzahl der Bewerber. Anhand des Bewerberformulars (job application) und über ein persönliches Gespräch mit dem Bewerber lässt sich die Zahl der Jobinteressenten auf ein Minimum reduzieren.

Große Unternehmen arbeiten gerne mit einem privaten Arbeitsvermittler (Headhunter) zusammen. Headhunter genießen in den USA großes Ansehen, da sie sich auf bestimmte Branchen spezialisiert haben - 70 Prozent aller Top-Manager ergatterten so einen guten Posten.

Fragen Sie den Headhunter nach seiner Joblizenz, bevor Sie mit ihm ein Geschäft eingehen. Private Jobvermittler benötigen eine solche Lizenz der Staats- oder Lokalregierung, um ihr Geschäft zu betreiben. Als Arbeitssuchender müssen Sie keine Vermittlung über den Headhunter aus eigener Tasche zahlen, da dies der Arbeitgeber übernimmt.

Sponsorship

In besonders gefragten Berufen werden Sie manchmal das Wort *Sponsorship* in Stellenanzeigen lesen. Diese Firmen setzen sich bei Ausländern für ein Visum ein, und sponsern die Arbeitserlaubnis demnach.

Arbeiten in den USA

Initiativbewerbung

Eine spontane eindrucksvolle Bewerbung hinterlässt immer einen positiven Eindruck bei potenziell zukünftigen Arbeitgebern. Sollte keine Stelle in Ihrem Bereich offen sein, wird die Bewerbung nicht im Mülleimer landen, sondern gut abgeheftet. Wenn eine geeignete Position frei wird, liegen Ihre Daten für einen Anruf bereit.

Haben Sie ein ganz bestimmtes Unternehmen ins Auge gefasst, bringen Sie das in Ihrer Initiativbewerbung zum Ausdruck. Indem Sie sich Informationen über das favorisierte Unternehmen besorgen, können Sie sich auf die Ansprüche, die das Unternehmen stellt, nicht nur gut vorbereiten sondern sich entsprechend verkaufen.

Interessieren Sie sich für deutsche Unternehmen in Amerika? Adressen aller Firmen mit Sitz in den USA bekommen Sie bei der internationalen Handelskammer in Deutschland.

Stellenanzeigen und ihre Geheimsprache

Amerikanische Stellenanzeigen sind tückisch. Nicht einmal Amerikaner verstehen teilweise die Abkürzungen und Ausdrücke, die darin auftauchen. Eine Erläuterung soll Ihnen helfen, sich beim Lesen der Stellenanzeigen zurechtzufinden:

EOE (Equal Opportunity Employer): Gleichbehandlung aller Bewerber ungeachtet ihrer Rasse, körperlicher Einschränkungen, Religion oder Geschlecht.

70k: Das „k" steht für das Wort Tausend (70.000 Dollar).

DOE (depends on experience): abhängig von der Berufserfahrung, die Sie mitbringen (meist bezogen auf das Gehalt).

401(k): Sonderzahlung in Form eines Vorsorge-Sparplans für das Alter. Der Arbeitgeber beteiligt sich finanziell.

HR (Human Resources): Personalabteilung, in der der HR-Manager die verantwortliche Position hat.

relocation help: Sie bekommen Hilfe in Form von finanzieller Beteiligung oder aktiver Wohnungssuche, wenn Sie für den Job umziehen müssen. Meist gilt das nur für einen Umzug innerhalb der Staaten.

Angabe	Bedeutung
paid sick days	Krankheitstage werden bezahlt
included dental and medical plan	Der Arbeitgeber beteiligt sich an der Krankenversicherung Standard In High-Tech-Jobs
paid vacation	Jobs wie die in der IT-Branche bieten in der Regel bezahlten Urlaub an. Super Benefit!
internship	Praktikum; intern: Praktikant
wage	Stundenlohn
salary	festgelegtes Jahresgehalt
paycheck	Gehalt per Scheck
direct deposit	Gehalt per Überweisung

Arbeiten in den USA

⅌ **Die richtige Bewerbung**

Sie sind kompetent, hervorragend ausgebildet und aufgrund der Berufserfahrung unschlagbar gut. Das müssen Sie jetzt Ihrem zukünftigen Boss in den Staaten beweisen.

Verleihen Sie Ihrem Arbeitswillen durch Perfektion Ausdruck. Der zukünftige Arbeitgeber möchte sich auf Sie verlassen? Überzeugen Sie mit sinnvollen Begrifflichkeiten und fehlerlosen Dokumenten.

Die Optik der Bewerbungsunterlagen

Schreiben Sie Ihre Bewerbung auf dem Computer und wählen Sie eine Standardschrift wie Times New Roman oder Trebuchet. Als Grafiker können Sie sich überlegen, ob Sie die Bewerbung ausschmücken. Ansonsten genügt es, die Bewerbung nach Fertigstellung auf weißes, hochwertigem Papier auszudrucken.

Wussten Sie, dass Amerika andere Papierformate festlegt? Demnach sollten Sie das amerikanische Letterformat (letter size, 8,5 inch x 11 inch) verwenden sonst passen Ihre Unterlagen nicht in die Ordner.

Bewerbungsanleitung

Geläufig sind den Amerikanern drei Arten von schriftlichen Bewerbungen: Der ad letter (ein Antwortschreiben auf eine Stellenanzeige),

der unsolicited letter (die unaufgeforderte Initiativbewerbung) und den broadcast letter (eine Kombination aus Anschreiben und Lebenslauf).

Ob Sie Ihre Bewerbung per Post oder via E-Mail verschicken, spielt bei der Erstellung derselbigen keine Rolle. Word-Dokumente können bequem ausgedruckt oder als Anhang per E-Mail an einen Arbeitgeber versendet werden. Aus diesem Grund sollten Sie bei der Erstellung auf dieses Dateiformat zurückgreifen.

Die perfekte Bewerbung

Die perfekte Bewerbung enthält

» cover letter (das Anschreiben)

» resume (auch Curriculum vitae genannt)

» references (Zeugnisse und sonstige Bescheinigungen)

Der Lebenslauf

Der amerikanische Lebenslauf ist tabellarisch aufgebaut. Komplexe Gestaltung und aufwändige Formatierungen sind fehl am Platz.

Anders als in Deutschland gehören gewisse Angaben nicht in Ihren Lebenslauf hinein: Alter, Geburtsdatum, Geschlecht, Größe/Gewicht, Familienstand, Name und Alter der Kinder,

Arbeiten in den USA

Religionszugehörigkeit, ethnische Herkunft, der Beruf des Ehepartners, Gesundheitszustand, die Gehaltsvorstellungen, Charaktereigenschaften oder Gründe, warum Sie den letzten Job aufgegeben haben.

Amerikaner sind nicht mit deutschsprachigen Berufsbezeichnungen vertraut. Der Begriff Manager hingegen ist ein englischer Begriff, den Amerikaner verstehen und einordnen können. Das kann bei Ihrem Beruf zum Problem werden. Sie finden in Büchereien oder im Internet genügend Nachschlagewerke, die Ihnen aufzeigen, wie Ihr Job in Amerika lautet (american job titles).

Der perfekte Lebenslauf

Der perfekte Lebenslauf enthält folgende Angaben:

» Name, Adresse, E-Mail-Adresse, Telefon-nummer

» Status (liegt eine Arbeitserlaubnis vor?)

» Objective (wo liegen Ihre beruflichen Ziele?)

» Summary

» Work History (Beschreibung der vorheri-gen Berufspositionen)

» Arbeitserfahrung (wird in den Staaten höher bewertet als die Ausbildung)

» Experience (Berufserfahrung)

» References (besondere Fertigkeiten und Kenntnisse im Berufsbereich)

» Education (Ihre Schullaufbahn, Weiter-bildungen und sonstige Abschlüsse)

Objective und Summary

Schreiben Sie in dieses Dokument, was Sie vom neuen Job in diesem Unternehmen erwarten.

In der Zusammenfassung (summary) erläutern Sie noch einmal in einem Satz, was Sie in Ihrem Lebenslauf gelistet haben. Ein Blick muss genü-gen, um zu erkennen, wo im Unternehmen Ihr Einsatzbereich liegt.

Work History

Eine schöne Darstellung ist das A und O, wenn Sie eine Aufzählung aller Arbeitsplätze, in denen Sie bislang tätig waren, vornehmen.

Köpfchen statt Kopf

Vergessen Sie den Gedanken, Ihr Aussehen könnte Ihnen bei der Suche eines Arbeitsplatzes nützlich sein. Außer Sie bewerben sich bei einem Schönheitschirurgen oder einer Modelagentur. Ansonsten möchte kein amerikanisches Unternehmen Ihr Foto auf dem Lebenslauf sehen. Bei der Bewerbung ist Köpfchen gefragt.

Arbeiten in den USA

Gehen Sie tabellarisch vor und gliedern Sie die Aufzählung.

Ordnen Sie die Berufsvergangenheit chronologisch von der aktuellsten bis zur ältesten Arbeitsstelle.

Wichtig ist eine genaue Zeitangabe sowie die Erwähnung des Einsatzbereiches bei der Arbeitsstelle. Interessant sind ebenfalls Ihre Verantwortungsbereiche.

Experience

Sind Sie fit im Umgang mit dem PC, bestimmten Systemen, Softwareprodukten oder Maschinentypen? Diese Fähigkeiten fallen unter die Berufserfahrung (experience). Der kleine Absatz dient der Überprüfung, ob Sie ausgebildet sind in dem Job, den Sie bekleiden wollen.

Education

Ihr zukünftiger Arbeitgeber muss wissen, welche Ausbildung Sie haben und welchen Abschluss (vergessen Sie nicht die korrekte englische Übersetzung der Berufsbezeichnung). Gehen Sie kurz chronologisch auf die besuchten Schulen ein und fahren Sie mit Universität oder Ausbildungsstätte fort. Die letzte Ausbildung wird zu Anfang angeführt. Lehrgänge oder Seminare aufzulisten ist durchaus sinnvoll, da sie Flexibilität und Entwicklungswillen zeigen.

References

Arbeitsproben oder Empfehlungsschreiben sind Ihre Visitenkarte und gehören nach dem Lebenslauf in Ihre Bewerbungsmappe. Machen Sie es dem Adressaten so einfach und ordnen Sie diese chronologisch von Neu nach Alt ein.

Sonstige Referenzen

Ehrenamtliche Tätigkeiten machen in den USA großen Eindruck. Dazu zählen insbesondere kirchliche Tätigkeiten. Sollten Sie eine leitende Position in einem Sportverein oder einer Theatergruppe innehaben, sollten Sie das ebenfalls aufführen.

Cover Letter

Für den Cover Letter gilt, was für sämtliche Schriftstücke in der Bewerbung gilt: In der Kürze liegt die Würze. Das Anschreiben dient einem kurzen Eindruck über Sie. Erwähnen Sie, warum Sie für die Position geeignet sind. Schreiben Sie knapp über die grundsätzlichen Fähigkeiten, die Sie für die Stelle mitbringen.

Haben Sie keine Hemmungen, zu übertreiben. Sie sind bestimmt ein außerordentlich guter Teamarbeiter (teamplayer) und sorgten durch Einsatz und Fleiß für einen erfolgreichen Projektabschluss. Durch Understatement hat selten ein Mensch dieser Welt seinen Traumjob bekommen.

Arbeiten in den USA

Die Bewerbung ist weggeschickt

Haken Sie telefonisch nach, sollten Sie nichts vom Unternehmen hören, an das Sie Ihre Bewerbung durch die Post oder per E-Mail geschickt haben.

Bekunden Sie bei diesem Telefonat noch einmal Ihr großes Interesse an dieser Stelle und Ihre Bereitschaft, mit vollem Elan die Position antreten zu können.

Das Jobinterview

Wenn Sie eine Einladung zu einem Interview (job interview) erhalten, ist das ein Schritt in die richtige Richtung. Erscheinen Sie pünktlich zum Vorstellungsgespräch. Ein gepflegtes Äußeres ist wichtig. Nach einer kurzen Begrüßung und Vorstellungsrunde werden Sie Fragen beantworten, auf die Sie sich zu Hause vorbereiten können. Lernen Sie hierzu auch fachspezifische englische Ausdrücke.

Geben Sie sich natürlich und kontern Sie nicht mit zynischen oder überheblichen Gegenfragen. Wenn es die Situation erlaubt, dürfen Sie sogar lachen. Humor wird in Amerika sehr geschätzt. Ist das Unternehmen ein größeres mit mehreren Mitarbeitern und komplexerer Hierarchie, wird sich der Personalverantwortliche um Sie

kümmern, bevor Sie dem Chef begegnen. Das gibt Ihnen Gelegenheit, potenzielle Kollegen zu beschnuppern.

Die Gehaltsverhandlung

Bei einem Jobinterview müssen Sie sich auf die Frage nach Ihrer Gehaltsvorstellung vorbereiten. Das amerikanische Arbeitsgehalt wird mittels verschiedener Faktoren ermittelt, die Sie in Ihre Vorüberlegung mit einbeziehen müssen.

Die Lebenshaltungskosten variieren in Amerika sehr stark von Ort zu Ort. In einer teuren Stadt wie New York oder San Francisco sind die scheinbar hohen Gehälter den Lebenshaltungskosten entsprechend angemessen.
Für einen Vergleich in Ihrem Berufszweig können Sie das Gehaltsniveau im Ort in den lokalen Tageszeitungen ermitteln. Das hilft Ihnen bei der Einordnung in die richtige Preisklasse, um dem Arbeitgeber eine vernünftige Summe nennen zu können.

Ein positives Interview

Ist das Interview positiv verlaufen, wird Ihnen das Unternehmen die Arbeitsstelle eventuell am gleichen Tag oder wenige Tage später anbieten. Bevor der Arbeitsvertrag aufgestellt wird,

Sorgen Sie für Bonuspunkte

Fünf wichtige Eigenschaften, die Sie in Ihrem Lebenslauf und im Anschreiben verwenden sollten, da sie für Bonuspunkte sorgen: Ehrlichkeit (honesty), Leistung (ability und performance), Pünktlichkeit und Anwesenheit (attendance und timekeeping), Arbeitseinstellung (attitude) und Führung (conduct).

Arbeiten in den USA

müssen Sie einen Drogen-Test machen, der in Amerika zu den Sicherheitsmaßnahmen der Unternehmen dazugehört.

⅍ **Anerkennung deutscher Berufe**

Was auch immer Sie in Deutschland gelernt haben und mit welchen Auszeichnungen Sie übersät sind, Ihre erlernten Berufe, die Ausbildung und Ihr Uni-Abschluss werden Ihnen manchmal nicht viel nutzen. Sollten Sie für Ihre Jobbeschreibung keine analogen US-englischen Begriffe finden, gilt es, den potenziellen Arbeitgeber auf andere Art und Weise zu überzeugen.

Der Übersetzer und Begutachtungsagenturen

Da Ihr Beruf in Amerika nicht in seiner deutschen Begrifflichkeit bekannt ist, benötigen Sie eine sehr gute Übersetzung der berufsspezifischen Worte.

Um dem zukünftigen Arbeitgeber Ihre beruflichen Qualifikationen korrekt aufzuzeigen, können Sie Zeugnisse und Bewerbungsunterlagen zudem von einem professionellen Übersetzer ins US-Englische übersetzen lassen.

In einigen Fällen ziehen Unternehmen Begutachtungsagenturen zu Rate. Die Agentur wird Ihre Ausbildung auf Gleichwertigkeit mit einem amerikanischen Abschluss vergleichen und feststellen, ob Sie ein besserer Anwärter für eine Position sind als Ihr amerikanischer Mitstreiter.

⅍ **Der Arbeitsvertrag**

Nach einer erfolgreichen Bewerbung werden Sie aufatmen können. Auf Sie werden viele neue Aufgaben warten, denen Sie sich stellen müssen. Jede neue Herausforderung wird Sie weiterbringen. Eine davon wird die Regelung Ihres Arbeitsverhältnisses sein, in dem Sie künftig stehen werden. Arbeitsverträge (contracts of employment) sind immer tarifvertraglich oder öffentlich-rechtlich bestimmt, werden jedoch in einigen Fällen nur mündlich vereinbart.

Der mündliche Arbeitsvertrag

Es ist noch die Ausnahme in Amerika, einen schriftlichen Arbeitsvertrag zu erhalten. Viele Geschäftsbeziehungen basieren auf einem mündlichen Vertrag, der im gegenseitigen Einvernehmen geschlossen wird (employment-at-will). 70 Prozent der amerikanischen Arbeitsverträge basieren auf mündlicher Absprache, die

---

Fragen, die in einem Jobinterview gestellt werden können

Erzählen Sie etwas über sich: Wer sind Sie und welche Fähigkeiten bringen Sie mit in das Unternehmen? Wie sind Sie auf unsere Firma aufmerksam geworden, was hat Sie besonders gereizt? Warum sind Sie ausgewandert? Bringen Sie Führungs-Erfahrung mit? Wo liegen Ihre Stärken? Haben Sie Fragen zum Unternehmen?

Arbeiten in den USA

US-Bundesstaaten sind Employment-at-will-states und dürfen auf eine schriftliche Form des Arbeitsvertrages rechtlich verzichten.

Durch einen mündlichen Vertrag erspart sich der Arbeitgeber lästige Absprachen mit Betriebsräten und geht Kündigungsschutzklagen aus dem Weg. Ein Employment-at-will-Vertrag bietet dem Chef die Möglichkeit, Probleme mit Mitarbeitern außergerichtlich zu verhandeln.

Ein Vertrag at-will bedeutet nicht, dass Ihr Arbeitgeber Ihnen grundlos kündigen darf. In fast allen Bundesstaaten gilt die Regel, dass eine Kündigung, die gegen die Grundprinzipien der öffentlichen Ordnung (public policy) verstößt, wirksam angefochten werden kann. Diese Regel beinhaltet mündliche, schriftliche, befristete und unbefristete Verträge.

Das Arbeitnehmer- Handbuch

Unternehmen besitzen ein sogenanntes Arbeitnehmer-Handbuch (employee handbook), in dem Sie sich über Regeln und Sicherheitsmaßnahmen Ihres Betriebes informieren können. Sollte es nicht offensichtlich ausliegen, fragen Sie Ihren Chef danach. Im Employee-handbook

finden Sie nützliches Wissen zur Personalpolitik und der Arbeitsordnung sowie über das Gehaltsanpassungssystem Ihres Unternehmens. Sollten Sie einen mündlichen Vertrag abschließen, zählt dieses Buch als schriftliche Ergänzung.

❦ Wichtige Punkte eines Arbeitsvertrages

Sofern es Ihnen möglich ist, sollten Sie auf einen schriftlichen Arbeitsvertrag bestehen. Sie haben damit beste Chancen, Absprachen innerhalb des Vertrages als schriftliches Beweisstück vorzulegen, sollten Sie sich tatsächlich mit Ihrem Chef in die Haare kriegen.

Gehalt

Für gewöhnlich erhalten Sie Ihr Gehalt alle zwei Wochen oder am Ende des Monats ausgezahlt. Es wird auf Ihr Konto überwiesen oder Ihnen per Gehaltsscheck ausgehändigt.

Ein Transfer auf Ihre Bank benötigt einige Tage länger. Ein 13. Gehalt gibt es in der Regel nicht.

Das US-Bildungssystem

Die Vereinigten Staaten verfügen über ein dezentrales Bildungssystem. Das bedeutet, dass die Bundesregierung die Anerkennung von Abschluss, Diplom und Leistungen weder durchführt noch reguliert. Die Anerkennung erfolgt auch nicht durch Bundesstaat oder Verwaltung auf Regionalebene. Ausländische akademische, fachliche und berufliche Abschlüsse werden nur durch bevollmächtigte Einrichtungen auf institutioneller Ebene und aus der Privatwirtschaft anerkannt.

Arbeiten in den USA

Krankheitstage

In der Regel werden jährlich nicht mehr als sieben Tage Krankheitsausfall gezahlt. Je länger Sie im Unternehmen beschäftigt sind, desto größer ist die Wahrscheinlichkeit, mehr Ansprüche zu erhalten.

Krankenversicherung

Eine vom Arbeitgeber bezuschusste Krankenversicherung wird ebenfalls Gegenstand des Arbeitsvertrages sein. Wählen können Sie aus Versicherungsmodellen wie der Single- oder der Familienversicherung. Im Regelfall erhalten Sie den Zuschuss nach dreimonatiger Betriebszugehörigkeit.

Lebensversicherung

Fragen Sie Ihren Arbeitgeber nach einem Zuschuss für eine Lebensversicherung. Sollte diese Versicherung Teil des Vertrages werden, wird Ihnen diese Finanzspritze im Rentenalter das USA-Leben versüßen.

Gesetzliche Rentenversicherung

Die gesetzliche Rentenversicherung ist die größte und wichtigste Arbeitnehmerabsicherung. Sie sind gesetzlich verpflichtet, darin einzuzahlen. Arbeitgeber und Arbeitnehmer zahlen in der Regel jeweils circa 6,2 Prozent vom Bruttolohn in die Rentenkasse.

Steuern

Von Ihrem Gehalt werden Bundessteuern, Steuern der Einzelstaaten und kommunale Steuern einbehalten.

Arbeitszeiten

40 Arbeitsstunden sind die Regel, meist werden Sie mehr Zeit im Büro verbringen. Angestellte arbeiten oft weit über das normale Arbeitspensum hinaus.

Überstunden

Überstunden werden für gewöhnlich weder ausbezahlt noch mit Freizeitausgleich belohnt.

Urlaubstage

Ein halbes Jahr nach Eintritt ins Unternehmen dürfen Sie das erste Mal Urlaub machen. Mit zehn Urlaubstagen im Jahr können Sie rechnen. Umso länger Sie angestellt sind, desto größer ist Ihre Chance, darüber zu verhandeln.

Umzug

In seltenen Fällen bezuschusst Ihr Arbeitgeber einen Umzug, sofern er notwendig ist. Eine Unterstützung gibt es in Form einer geringen Pauschale. Sollten Sie das Unternehmen in den ersten zwölf Monaten verlassen, müssen Sie den Obolus zurückzahlen.

Arbeiten in den USA

Zusatzleistung Immigration Laywer

Ausländische Arbeitnehmer bekommen zum
Teil einen Einwanderungshelfer (immigration
laywer) gestellt. Im Auftrag des Unternehmens
wird der Einwanderungshelfer Ihr Arbeitsvisum
beantragen.

Sollten Sie Ihren Arbeitsplatz zu einem späteren Zeitpunkt aus freien Stücken verlassen,
müssen Sie für diese Unterstützung finanziell
aufkommen.

⁂ Die Selbstständigkeit

Ein eigenes Geschäft – das wäre es doch! Haben Sie nicht bereits darüber sinniert, wie Sie
diesen Traum des eigenen Mode- oder Friseur-
ladens in Amerika wahrmachen können? Nicht
alle Länder dieser Erde machen es zukünftigen
Chefs so einfach, das Geschäft ihres Lebens zu
starten und eine US Corporation zu gründen.

Startbedingungen

Neben dem Gewinn einer Greencard oder
dem Arbeitsvisum ist die Geschäftsgründung
ein dritter Weg, Deutschland zu verlassen und
in Amerika neu anzufangen. Hierfür ist eine
verdammt gute Idee von Vorteil.

Ein guter Geschäftsplan ist sinnvoll, wenn Sie
sich um ein sogenanntes E1-Visum (Handels-
visum) oder ein E2-Visum (Investorenvisum)
bemühen. Mit diesen Arbeitsvisa erhalten Sie

zunächst eine zeitlich befristete Aufenthaltserlaubnis, um unternehmerisch walten und
schalten zu dürfen.

Das Visum gilt für fünf Jahre, kann aber
beliebig oft verlängert oder sogar zur Greencard
umgeschrieben werden.

Damit Ihr Traum vom eigenen Business funktioniert, benötigen Sie nicht nur eine geniale Idee
sondern auch eine gute Startbedingung.

Helfer für Ihre Unternehmensgründung

Eine Vielzahl Helfer stehen Ihnen zur Verfügung, wenn Sie sich entscheiden, sich in den
Staaten nach Ihrer Einwanderung mit einer
guten Idee selbstständig zu machen.

Neben der Beratung über einen Anwalt oder
Steuerberater sind Unternehmen zu empfehlen,
die sich auf Gründungsvorhaben von Menschen spezialisiert haben, die aus dem Ausland
kommen.

Bei der Planung der Selbstständigkeit kann sich
das Hinzuziehen eines professionellen Helfers
bewähren, besonders, wenn es um die Rechts-
form geht, für die Sie sich entscheiden müssen.

Die Zweigstellen der Deutsch-Amerikanischen
Handelskammer bieten Leuten mit dem Traum
eines eigenen Geschäftes jede Menge Infos zum
Thema Selbstständigkeit.

Arbeiten in den USA

❧ Unternehmensformen in den USA

Sollten Sie sich für die Gründung eines Geschäftes im Bundesstaat interessieren, müssen Sie Bedingungen erfüllen, die Ihnen die Handelskammer nennen wird. Einige Unternehmensformen stelle ich Ihnen vor, um einen Überblick darüber zu geben, was in Amerika als Selbstständiger möglich ist:

Sole Proprietorship - Einpersonengesellschaft

Eine „Sole Proprietorship" ist eine Einpersonengesellschaft. Ein Vertrag kann mündlich oder schriftlich die Gründung festlegen. Diese Unternehmensform setzt keine gesetzlich festgelegte Mindesteinlage voraus und Inhaber der Sole Proprietorship haften mit dem Geschäfts- und mit dem Privatvermögen. Die Vorteile sind die einfache Struktur, keine zusätzlichen Kosten für eine separate Steuererklärung und keine jährlichen Behördenberichte. Nachteile der Einpersonengesellschaft ist die unbeschränkte private Haftung für Sie als Inhaber sowie die Versteuerung Ihres kompletten Einkommens über die persönliche Steuererklärung.

Limited Partnership - Personengesellschaft

Die Kommanditgesellschaft (limited partnership) besitzt sowohl Merkmale einer Kapital- aber auch Merkmale einer Personengesellschaft. Sie kann von mindestens zwei Personen gegründet werden. Einer der Partner wird zum „General Partner", ein anderer zum „Limited Partner". Der General Partner haftet persönlich und unbeschränkt, der Limited Partner nur mit seinen Einlagen. Die Gewinnverteilung wird durch Vertrag oder nach Einlagenhöhe vorgenommen. Alle Geschäftsaktivitäten werden vom General Partner abgewickelt, während die Limited Partner die Kapitalgeber sind, welche zwar an Gewinnen und Verlusten beteiligt sind, jedoch nur bis zur Höhe ihrer Kapitaleinlage haften.

Die Limited Liability Company – Gesellschaft mit beschränkter Haftung

Die LLC gehört zu den weit verbreiteten Gesellschaftsformen unter ausländischen Firmengründern, die in die USA eingewandert sind. Die LLC ist eine Kapitalgesellschaft, die in Grundzügen am meisten der deutschen GmbH

Full Service für Ihre Firmengründung in den USA

Die „US AG 24 Inc." ist ein internationales Unternehmen mit Sitz in den USA, welches sich auf Unternehmensgründung spezialisiert hat. Ein Verbund aus Rechtsanwälten, Notaren, Steuer- und Unternehmensberatern kann Sie während und nach der Geschäftsgründung unterstützen, sollten Sie in Erwägung ziehen, gegen eine Gebühr Spezialisten vom Fach zu beauftragen. Schauen Sie hierzu im Internet die folgende Seite an: www.usag24.com

Arbeiten in den USA

ähnelt. Nur wenige Bundesstaaten setzen bei der Gründung der LLC ein Minimalkapital voraus, alle Einlagen können entweder in bar oder als Sachwert erfolgen. Jeder Gewinn der LLC ist in den USA zu versteuern. Eine Haftung beschränkt sich auf die Einlagen, die zu jeder Zeit veräußert oder übertragen werden können. Nach Wahl der Gesellschafter kann sie entweder als Personengesellschaft oder als Kapitalgesellschaft geführt werden.

Keiner der Gesellschafter haftet persönlich und alle Gesellschafter dürfen Entscheidungen treffen. Steuerlich kann die Gesellschaft wie eine Personengesellschaft behandelt werden. Es gibt keine Beschränkungen bezüglich einer Maximalanzahl der Gesellschafter.

Die Corporation

Bei einer Corporation handelt es sich um eine juristische Person mit eigener Rechtspersönlichkeit in Form einer Kapitalgesellschaft. Die Corporation ist mit einer deutschen Aktiengesellschaft vergleichbar, hat zudem Gemeinsamkeiten mit einer deutschen GmbH. Für die Gründung benötigen Sie keine vorgeschriebene Mindestkapitaleinlage, das Kapital wird durch Shareholders (Aktionäre) aufgebracht. Die Aktieninhaber sind frei von persönlicher Haftung und können anonym bleiben.
Die Corporation ist die bevorzugte

Gesellschaftsform in den USA und die am häufigsten verwendete Form deutscher Unternehmen zur Gründung von Niederlassungen in den USA. Eine Gründung kann - unabhängig der Größe des Unternehmens - durch Einreichung einer Gründungsurkunde (Certificate of Incorporation) durchgeführt werden. Der Bundesstaat, in dem die Registrierung erfolgt, ist auch juristischer Sitz der Corporation.
Eine Corporation kann sich an anderen Unternehmen beteiligen, Immobilien erwerben oder als Holdinggesellschaft fungieren, Mutter- sowie Tochtergesellschaft sein oder als Auffanggesellschaft dienen.

Franchise

Franchising ist ein Unternehmenskonzept für solche Menschen, die zwar mit dem Gedanken spielen, ein Unternehmen zu gründen, jedoch zur eigenen Sicherheit ein bereits erprobtes Geschäftsmodell einer Systemzentrale verwenden möchten, welches erfolgreich ist. Zu bekannten US-Franchiseunternehmen zählen unter anderem das Lebensmittelunternehmen Dunkin' Donuts oder The Haagen-Dazs Shoppe Company, Inc. Obwohl sich das Franchise-System in Deutschland nicht so gut durchsetzen konnte, bietet es in den USA tolle Möglichkeiten für einen Start ins eigene amerikanische Business.

Unternehmer-Know-how

Es gibt in den USA ähnlich wie in Europa oder Deutschland die Einpersonengesellschaft (sole proprietorship), die Kommanditgesellschaft (limited partnership), die GmbH (limited liability company) und die Aktiengesellschaft (corporation).

Arbeiten in den USA

Mit dem Franchise-System beginnen Sie nicht bei A, sondern Sie erhalten ein komplett bestehendes Konzept sowie all das nützliche Wissen des Unternehmens, wenn Sie sich mit dem Produkt selbstständig machen. Es gibt Unmengen dieser Franchise-Unternehmen für die unterschiedlichsten Produktbereiche.

Versicherung für Selbstständige

Die Monatsbeiträge aller Versicherungen, die Sie als Unternehmer abschließen müssen, sind teuer. Sie können sich einem Verbund anschließen. Durch eine Mitgliedschaft in einem Verbund Ihrer Branche besteht für Sie die Möglichkeit einer geringeren Monatsgebühr. Informationen erfragen Sie bei einem Fachmann.

Kulturelles

Kultur und Soziales

Der Mensch lebt nicht von der Arbeit allein. Ein erfülltes Leben setzt sich aus Arbeit und Freizeitgestaltung zusammen. Neben gutem Essen, einer angenehmen Abendveranstaltung und dem Familienleben ist es der soziale Kontakt, der ein Leben oft lebenswerter macht.

Die Amerikaner unterscheiden sich kulturell sowie sozial sehr von den Europäern. Wo der Deutsche den Anschein macht, er müsse gleich in den Krieg, lächelt der Amerikaner auch in stressigen Zeiten dem Gegenüber freundlich ins Gesicht.

Besonders in Florida wirken die hellen und warmen Tage positiv auf jedes menschliche Gemüt. Amerikaner besitzen eine ganz eigene optimistische Lebenseinstellung, die sich durch allerlei Faktoren wie auch dem Wetter oder der Umwelt bedingt.

In diesem Kapitel schildere ich Ihnen die Eigenarten, Merkmale und die Essgewohnheiten der Amerikaner und mache Sie mit dem kulturellen und sozialen Leben vertraut, das Sie und Ihre Kinder erwartet.

Ausgezeichnetes Amerika

Kulturell gesehen zählt Amerika zu den ganz großen Sternen im weltweiten Kunst- und Literaturhimmel. Denken Sie an die typisch amerikanischen Filme, die neue Schnulze oder den aktuellen Actionfilm. Das US-Filmgeschäft verschönert der Weltbevölkerung seit Jahrzehnten das Leben. So sind zum Beispiel die Schauspieler Clint Eastwood, Denzel Washington und Julia Roberts in den Staaten geboren und berühmt geworden, um nur einige zu nennen. Bekannte US-Regisseure wie David Lynch oder Woody Allen gesellen sich dazu.

In der Literatur kann Amerika mit etlichen Namen auftrumpfen. Denken Sie an den frühen Realismus, der mitunter von J.F. Cooper geprägt wurde. Rufen Sie sich weltberühmte amerikanische Autoren des 20. Jahrhunderts ins Gedächtnis Steinbeck, Miller, Poe oder Williams. Sie alle sind Amerikaner und ihre Lektüre hat außerhalb der Staaten bis hin ins Klassenzimmer von Hintertupfingen gefunden.

Die amerikanische Musikbranche gibt in eigens kreierten Musikrichtungen bis heute den Ton an. So sind Stilrichtungen wie Country, Rap und Hip-Hop Kinder Amerikas. Die US-Filmmusik-Produzenten James Horner oder Bill Conti - um nur zwei zu nennen - bringen auch im 21. Jahrhundert die klassischen Musikwerke groß raus.

❧ Ihre künftigen Landsleute

Wie ein Kaugummi haften die Klischees seit eh und je unter dem Schuh des Amerikaners. Viele sind erfunden, einige stimmen. Schön ist es, wenn sich die positiven Aspekte bewahrheiten. Machen Sie sich das richtige Bild Ihrer neuen Landsleute.

Kultur und Soziales

Die amerikanische Höflichkeit

Das meist verbreitete Klischee über Amerikaner ist erfreulicherweise das mit dem höchsten Wahrheitsgehalt. Amerikaner bestechen mit Freundlichkeit und Offenheit und meckern, motzen oder nörgeln weniger als Deutsche. Meinungsunterschiede werden in den USA offenkundig toleriert und respektiert.

Nicht wenige Amerikaner verdienen mit ihrer Höflichkeit ihr Geld, doch selbst ein guter Job bringt Menschen in Deutschland oftmals nur halb sooft zum Lächeln.

Von Schulsport und Cheerleading

Schüler lieben ihre Highschool. Sie ähnelt wahrhaftig den Schulen, die wir aus US-Filmen kennen. Sie sind groß, mit Spinden versehen und bieten neben dem Schulstoff eine Menge außerschulischer Aktivitäten.

Amerikaner stehen auf Sport. Sportmannschaften einer Schule reihen sich aneinander, jeder Schüler kann zwischen American Football, Basketball, Baseball, Golf, Ringen oder Lacrosse wählen und ist damit Teil eines Ganzen, eines Teams.

Mädchen in jungen Jahren zieht es zu den Tanzgruppen. Als Teil eines Cheerleading-Teams mitzuwirken begeistert junge Mädchen heute wie gestern. Der Traum muss keiner bleiben, da viele Sportmannschaften ein eigenes Cheerleading-Team benötigen. Ohne diese Tradition wäre der amerikanische Sport fast schon undenkbar.

Haus und Hof

Amerikanische Häuser sind chic und bezahlbar. Als Lockmittel für den Hauskauf bekommt ein Interessent gerne Ersatz für den nicht vorhandenen Kellerraum die „Double-Triple-Mega-Garage" (Doppel-und-dreifach-große Riesengarage). In der Garage können Sie künftig einiges mehr als nur Ihr Fahrzeug unterbringen.

Der amerikanische Straßenverkehr

Auf den amerikanischen Highways ist – auch wenn das ein Film anders darstellt - nicht die Hölle los.

Der Straßenverkehr fließt recht gemächlich, was auf die bestehenden Geschwindigkeitsbegrenzungen (speedlimits) zurückzuführen ist.

Die sind in Amerika deutlich niedriger gelegt und ein Deutscher wird einen Gang runterschalten müssen, um einem Knöllchen zu entgehen.
Ich persönlich empfinde das Fahren auf weiten Strecken des Landes als ziemlich ermüdend. Zudem ist der landschaftliche Ausblick nicht atemberaubend schön sondern eher karg und trostlos.

Kultur und Soziales

Religionsvielfalt

Amerika heißt religiöse Menschen aller Glaubensrichtungen auf das Herzlichste willkommen. Typisch für Amerika ist seine Religionsvielfalt, die sich über das ganze Land erstreckt.

Besonders in den Südstaaten der USA wird die Religion im höchsten Maße gemeinschaftlich zelebriert. Pennsylvania ist die Hochburg des sogenannten Bibelgürtels (bible belt), dem unter anderem Amische (amish people) angehören. Amische stammen überwiegend von Südwestdeutschen und Deutschschweizern ab und sprechen meist Pennsylvaniadeutsch.

Freude im Übermaß

In Amerika wird gelebt und geliebt. Im Übermaß. Wir Deutsche empfinden das eher als befremdlich oder oberflächlich, tatsächlich sind die Amerikaner genau so erzogen worden Das Land ist großartig, der Präsident wundervoll und Ihr Kleid fantastisch.

Eine Kontaktaufnahme erfolgt in den Staaten mit der lockeren Frage „Hi, how are you?" („Wie geht es Dir?"). Nun wäre der Amerikaner überrascht, sollten Sie ihm einen Kurzbericht über Ihre Lebensumstände geben.

Denn Amerikaner meinen nicht immer das, was sie sagen. Die Nachfrage, wie es Ihnen geht, ist keine Frage, sondern eine reine Höflichkeitsfloskel. Eine Antwort ist nicht vonnöten. Gewöhnen Sie sich an diese Art der Konversation, die gang und gäbe ist, nicht nur bei Menschen, die Sie kennen.

Sogar der Fremde, der Ihnen grad im Supermarkt das letzte Schokosandwich vor der Nase wegschnappt, lächelt Ihnen noch nett ins Gesicht und fragt Sie eher uninteressiert, wie die Lage ist.

Die Antwort auf „How are you"

Wenn Sie der Amerikaner mit „How are you?" begrüßt, sollte es für Sie selbstverständlich werden, mit „Fine, and you?" zu antworten – auch, wenn es Sie eigentlich gar nicht interessiert. Auf die nett gemeinte Frage gar nicht zu reagieren erweckt bei Ihrem Gegenüber den Eindruck des typischen unfreundlichen Deutschen.

Lernen Sie die offene Art der Amerikaner schätzen, damit werden Sie sich selbst die Türen im Land öffnen.

Geschenke

Eine Einladung steht an und Sie haben ein nettes Präsent gekauft. Schenken Sie dem Amerikaner dieses Gastgeschenk, benötigt es keine Frage, ob es gefällt. Die Antwort ist immer die gleiche „Wonderful, yes!". Amerikaner freuen sich über jedes Geschenk, mag es noch so wenig von Nutzen sein. Diese Notlügen sind gesellschaftlich akzeptiert.

Kultur und Soziales

Gefällt dem Gastgeber das Geschenk hingegen besonders, wird er vor Freude an die Decke springen. Sie werden sehen, dass Sie Freude an dieser Freude bekommen. Lachen steckt tatsächlich an.

Die amerikanische Frau

Die weibliche Spezies erfährt in Amerika eine große Wertschätzung. Statistisch gesehen ist die Frau in Amerika bis heute in der Minderzahl, was sich durchaus positiv auswirkt Das, was selten ist, ist kostbar.

Ein traditioneller Amerikaner beweist seiner Frau immer und überall, dass er Sie ehrt, schätzt und liebt. Nicht selten haben sich die Frauen das zunutze gemacht und im amerikanischen Haushalt die Hosen an.

Die USA kümmerte sich früh um die Frauen Vor 65 Jahren wurde Ihnen an reinen Frauencolleges höchste Bildung vermittelt.

Eine Ehe ist für die Frau - im Gegensatz zur Frau, die in den USA in höchstem Maße Traditionen pflegt - eher eine lästige Angelegenheit. Mit ihrem Vollzeitjob hat sie alles, was Sie braucht. Damen, die in der frühen Ehe die Erfüllung ihres amerikanischen Lebens finden, gibt es ebenso.

Das amerikanische Nachtleben

Das Nachtleben in größeren Städten wie New York oder L.A. reizt den armen wie den reichen Amerikaner. Niemand bleibt lange alleine, Small Talk wird in Bars, Kneipen und Clubs wie in Deutschland großgeschrieben. Die Kontaktaufnahme fällt mit einem Alkoholpegel ja auch in Deutschland leichter.

Ich empfehle Ihnen einen Wochenendtrip nach Key West. Key West im Süden Floridas gilt als DAS Paradies für Nachtvögel und einsame Herzen. Dort erwartet Sie ein Crashkurs im Flirten, ob nun Männlein oder Weiblein zu Ihren Opfern zählen. Wie auch immer Sie aussehen, was auch immer Sie anhaben, wer Sie auch immer sind – Key-Westler empfangen Menschen mit offenen Armen.

Das soziale Leben in der Natur

Das soziale Leben spielt sich – sofern das Wetter es zulässt - im Freien ab. Amerikaner lieben die Natur und es ist selbstverständlich, dass sie

Unter uns

Als ich nach langer Zeit in Amerika wieder deutschen Boden betrat, hätte ich gerne auf dem Absatz kehrtgemacht. Am Abholband des Flughafens stand ich schluchzend auf meinen Koffer wartend, da ging das Gerangel los. Jeder eigene Koffer musste unbedingt sofort aus dem Haufen gefischt werden. Dieses ungeduldige Verhalten hat es in Amerika nicht gegeben. Die Amerikaner halfen mir freudestrahlend und mit Gelassenheit, den schweren Koffer vom Band zu heben. Besonders Ausländer und Urlauber bekommen in den Staaten das Gefühl vermittelt, dass sie erwünschte Gäste sind.

Kultur und Soziales

im eigenen Land auch den Urlaub verbringen. Wozu in die Ferne schweifen, wenn doch alles so nah ist?
In allen Ecken der USA lädt die Natur zum Verweilen ein. Kinder gehen am Strand schwimmen, Arbeiter entspannen sich nach getaner Arbeit beim Abendessen mit Blick auf den Sonnenuntergang, Firmenausflüge finden im Freien statt. Möglichkeiten gibt es genügend.

Neben Rafting gehört Klettern oder der Besuch eines Naturparks zur Familien-Freizeitplanung. Gruppen verschiedenster Vereine picknicken regelmäßig im Freien. Städtische und private Einrichtungen wie der Sportclub oder die Kindertagesstätte bieten Tages- und Wochenendausflüge an, bei denen sich Mutter und Kind erholen und Freunde kennenlernen können. Das Freizeitangebot ist groß, nutzen Sie es!

Lächeln ist nicht aufdringlich!

Amerikaner geben einem Fremden das Gefühl, im Land willkommen zu sein. Warum richten wir unsere hübschen Augen nicht nach oben statt den Blick auf den Boden zu fokussieren? Haben wir Angst, uns könnte ein fremdes Gegenüber anlachen? Aber das tut ja nicht weh! Unglücklicherweise empfinden viele Deutsche das Lächeln als aufdringlich und unehrlich. Schade eigentlich. Wir sollten es den Amerikanern nachmachen und optimistisch sein. Optimismus macht Freude.

Gut essen in Amerika

Im Supermarkt brauche ich neuerdings Stunden, so ein Angebot hab' ich noch nicht erlebt. Ich esse weder Schoko noch Chips. Und was ist? Ich fühle mich trotzdem rund!

Als ich das erste Mal einen amerikanischen Supermarkt betrat, traf mich der Schlag, Experten nennen das auch Reizüberflutung. Vergessen Sie deutsche Supermärkte. Nach einem Schritt in diese amerikanische Lebensmittelwelt möchten Sie nie wieder in Deutschland einkaufen gehen. Im folgenden Teil des Buches erfahren Sie mehr über die baumarktgroßen Supermärkte und erhalten Benimmregeln für einen Restaurantbesuch, der in Amerika so ganz anders ist, als Sie ihn kennen werden.

Supermarkt ist ein super Markt

Amerikanische Supermärkte liegen für gewöhnlich nicht mitten im Ortskern. Sie befinden sich in den Außenbezirken, sind mit dem Auto gut zu erreichen und besitzen eine große Anzahl an Parkplätzen.

Die Regale sind proppevoll mit allem, was Ihr Herz begehrt. In einer Reihe stehen Gurken am Stück, geschnitten oder in Scheiben. Gemüse hacken können Sie sich sparen, wenn Sie ein Festmahl bereiten. Für ungeduldige Menschen, wie ich einer bin, sind diese Produktvarianten

Kultur und Soziales

ideal. Kochprofis mit Qualitätsansprüchen kommen auch auf ihre Kosten. In den meisten Supermärkten können sie gesund und ökologisch einkaufen.

Der Service im Supermarkt

Kassierer Ihres US-Supermarktes sind durch die Bank kundenfreundlich, das ist kein Vorurteil. Neben dem Wiegen von Obst- oder Gemüsewaren packen die Angestellten gerne Ihre Einkaufstüte.

Sind Ihre Kinder mit dabei, können Sie statt dem normalen Einkaufswagen den Wagen mit Sitzplatz für ein oder zwei Kinder wählen. Für gehbehinderte Menschen stehen im Eingang Elektroroller bereit.

Vollzeit-Beschäftigte haben keine Ausrede mehr parat, um leere Kühlschränke zu rechtfertigen Die meisten Supermarktketten öffnen rund um die Uhr an 365 Tagen im Jahr die Tore.

Kneift es in der Hose, ist ein stilles Örtchen auch nicht fern, im Supermarkt finden Sie neben Toilettenpapier auch Kundentoiletten.

Zahlungsweise

Kaugummis und eine Dose Cola genügen, um Ihre Kreditkarte zum Einsatz zu bringen. Kleinbeträge mit der Plastikkarte zu zahlen ist völlig normal. Fehlt Ihnen Bargeld, können Sie sich das an der Kasse auszahlen lassen. Wenn die Kassiererin Sie nach „Cash?" fragt, bejahen Sie und nennen ihr den gewünschten Betrag. Praktisch, da Sie so den Gang zur Bank oder zum Automaten sparen.

Neben gewöhnlichen Supermarktkassen, die Sie aus Deutschland kennen, bieten immer mehr Ketten moderne Selbstbedienungskassen an. Der Kunde, der es besonders eilig hat, darf seinen Einkauf selbst einscannen. Für Spielkinder (Männer) jeden Alters genau das Richtige.

Nährstoffangaben

Nach Ihrer Ankunft in den Staaten haben Sie Wichtigeres zu tun, als Etiketten zu studieren. Der Mann, die Frau, die Kinder haben Hunger. Aus den Nahrungsmittelangaben der amerikanischen Produktverpackungen werden Sie nicht gleich schlau. Die folgende kleine Liste übersetzt Ihnen typische Inhaltsstoffe (Ingredients), die in US-Produkten verwendet werden.

Key West

Key West ist die Bezirkshauptstadt des Monroe Country in Florida. 25.000 Einwohner leben in der Stadt, die auf der gleichnamigen Insel steht. Die schöne Insel gehört zu den Florida Keys und ist für den großen Bevölkerungsanteil an Schwulen und Lesben sowie exzentrische Künstler berühmt. Auch Ernest Hemingway lebte in Key West in der Whitehead Street 907. Key West empfängt alle Besucher nach dem Motto „One Human Family" (eine einzige menschliche Familie). Alle Menschen sollen mit Respekt und Würde behandelt werden.

Kultur und Soziales

Die Angabe und...	...ihre Bedeutung
Nutrition Facts	Nährwertangabe
Serving Size	Portionsgröße
Servings per	Anzahl des Produktes pro Lieferkarton
Amount per Serving	Angabe pro Portion
% Daily Value	empfohlene Tagesmenge in Prozenten
Low fat	Fettarm
Reduced fat	Fettreduziert
Calories	Kalorien
Low calorie	Kalorienarm
Total fat	Fett total
Saturated fat	gesättigte Fettsäuren
Trans fat	Transfette
Polyunsaturated Fat	mehrfach ungesättigte Fettsäuren
Monounsaturated fat	einfach ungesättigte Fettsäuren
Vegetable Oil	Pflanzenöl
Animal fat	tierisches Fett
Flavor	Aromastoff
Flavor enhancer	Geschmacksverstärker

Die Angabe und...	...ihre Bedeutung
Artificial Flavor	künstliches Aroma
Natural Flavor	natürliches Aroma
Cholesterol	Cholesterin
Sodium	Natrium
Total Carbohydrate	Kohlenhydrate
Sugars	verschiedenste Zucker
Iron	Eisen
Protein	Protein
Corn syrup solids	Mais-Sirup
Gluten	Gluten
Weat	Weizen
Superfine flour / Weat flour	Weizenmehl
Rye	Roggen
Whole grain	Vollkorn
Non-Dairy	Ohne Milch-Inhaltsstoffe
Lactose-free	laktosefrei
Cholesterol-free	cholesterinfrei
gluten-free	Glutenfrei
Low-salt	salzarm
Suitable for diabetics	für Diabetiker geeignet
Sweetener	Süßstoff

Mehrwertsteuer kommt hinzu

Im Gegensatz zu Deutschland, wo der Preis inklusive Mehrwertsteuer als Endpreis ausgezeichnet ist, werden in den Staaten auf alle ausgezeichneten Produktpreise sales tax (amerikanische Form der Mehrwertsteuer) erhoben.

Auf den Produktetiketten sind also die Preise ohne Mehrwertsteuer ausgeschildert. Erst an der Kasse werden - abhängig vom Bundesstaat – bis zu acht Prozent Mehrwertsteuer hinzugerechnet.

Also bei der Preiskalkulation nie die Mehrwertsteuer vergessen!

Kultur und Soziales

❧ Bekannte Supermarktketten

Ich weiß jetzt schon, wo Sie in den kommenden Jahren einkaufen gehen. An bekannten amerikanischen Supermarktketten kommen Sie nicht vorbei. Schon am Logo erkennen Sie aus der Ferne die ganz Großen unter den Supermärkten.

Der Wal-Mart

Der in Deutschland bekannte „Wal-Mart" ist in den gesamten USA weit verbreitet und die größte Supermarktkette der Welt. Wal-Mart genießt in Amerika den Ruf, unschlagbar günstig und unsagbar vielfältig zu sein. Kunden bekommen alles, was das Herz begehrt und mehr.

Öffnungszeiten, Standorte und weitere Informationen entnehmen Sie der Internetseite www.walmart.com.

Publix

Mit über 500 Märkten ist der Supermarkt „Publix" besonders im Süden Amerikas großflächig vertreten. Publix zählt neben Wal-Mart zur größten Supermarktkette der USA. Verkauft werden nicht nur Lebensmittel aller Art, auch Hygieneartikel, frische Wurst, Käse und frischer Fisch warten auf Abnehmer. Einige Publix-Stores sind noch mit kleinen Bäckereien oder einem Weinhandel ausgestattet. Öffnungszeiten, Standorte und weitere Informationen entnehmen Sie der Internetseite www.publix.com.

Albertsons

In mittlerweile 38 Staaten finden Sie die Supermarktkette „Albertsons". Dort entdecken Sie nicht nur die gewöhnlichen Lebensmittel, sondern auch ausländische Spezialitäten. Das

Aldi goes America

Die bekannte deutsche Supermarktkette ist bereits in 29 US-Bundesstaaten vertreten und nicht nur bei deutschen Einwanderern beliebt: Amerikaner schätzen das vielfältige Warenangebot ebenfalls. Neben amerikanischen Produkten finden Kunden importierte Produkte aus Deutschland wie die Schokolade, das Bier oder Weihnachtsnaschereien.

Kultur und Soziales

hebt das Einkaufsniveau und den Preis. Im Vergleich zu den anderen Supermärkten ist Albertsons teurer als die Konkurrenz, aber für Feinschmecker mit kulinarischen Vorlieben einen Besuch wert. Öffnungszeiten, Standorte und weitere Informationen entnehmen Sie der Internetseite www.albertsons.com.

Safeway

„Safeway" ist überall in Amerika - nur nicht immer offensichtlich. Viele Safeway-Stores gehören zur Kette, tragen jedoch einen anderen Namen. In Süd-Kalifornien und Nevada gehören „Vons stores", in „Chicago Dominick's Stores" und in Texas „Randalls" und „Tom Thumb Stores" zur Kette. Bei Safeway erhalten Sie neben dem Standard-Produktsortiment auch Spezialitäten aus dem Meer. Öffnungszeiten, Standorte und weitere Informationen entnehmen Sie der Internetseite www.safeway.com.

Costco Wholesale und Sam's Club

„Costco Wholesale" und „Sam's Club" verkaufen nicht nur an Endverbraucher, sondern auch an Inhaber von kleinen Geschäften und Restaurants. Die Produktpreise sind niedriger als die der großen Supermärkte, da die Packungsmengen größer sind.

Für den Einkauf in beiden Märkten brauchen Sie eine Mitgliedskarte, Mitglied werden Sie, wenn Sie eine kleine Gebühr zahlen, die sich nach ein paar Großeinkäufen jedoch auszahlt. Öffnungszeiten, Standorte und weitere Informationen entnehmen Sie den Internetseiten www.costco.com und www.samsclub.com.

Deutsches Essen

Wer sich nach deutschen Spezialitäten sehnt, muss sich in den USA genau umsehen. Deutsche Bäckereien oder Lebensmittelläden

Große Augen beim Wiegen

Im Publix können Sie nicht nur Obst wiegen sondern auch sich selbst. Fehlt eine Personenwaage im Haushalt, können Sie zum Publix fahren. Im Eingangsbereich steht eine große Personenwaage. Allerdings warne ich Sie. Diese Kurzschlusshandlung hat mich für einen Abend außer Gefecht und höchst depressiv gestimmt. Das amerikanische kalorienreiche Essen geht auf die Hüften!

Kultur und Soziales

sind mit dem allgemeinen Namen „German Deli" (Deutscher Lebensmittelladen) oder „German Bakery" (Deutsche Bäckerei) bezeichnet. Deutsche beschweren sich über das Brot der Amerikaner, da es weich und labberig ist, obwohl Vollkorn draufsteht. Neben „Ester's German Bakery", über die Sie mehr im Kapitel „Mein neues Leben" erfahren, können Sie auf Ihrer Suche nach echt deutschen Leckereien bei German Deli fündig werden. Sehnsucht kostet, alles hat seinen Preis. Öffnungszeiten, Standorte und weitere Informationen entnehmen Sie der Internetseite www.germandeli.com.

Fast Food - Hunger zwischendurch

Fast Food ist deutlicher Bestandteil der amerikanischen Gesellschaft. Wenige amerikanische Fast-Food-Ketten konnten sich in Deutschland dauerhaft und mit Erfolg etablieren. „McDonald's", „Burger King" und „Subway" sind in Deutschland die bekanntesten, in Amerika sind sie die unspektakulärsten Schnellrestaurants. Amerika bietet dem Hungrigen weitaus mehr.
In Deutschland braucht es eine halbe Stunde, würden Sie von einem zum anderen Fast-Food-Geschäft fahren. In Amerika hingegen machen sich „Pizza Hut", „Wendy's", „iHop" und „Taco Bell" – um nur wenige Fast-Food-Ketten zu nennen - auf den Straßen Konkurrenz.

Merkwürdigerweise überlebt jedes dieser Schnellrestaurants. Amerikaner in Mittagspause oder auf langer Fahrt durch den Staat lieben den schnellen Snack. Sie haben die Qual der Wahl. Keinen Appetit auf Onion Rings? Sie finden ein paar Schritte weiter Ihren Donut mit Spezialfüllung.
Dass Fast Food ungesund ist und Viel-Fast-Food-Esser zu Gewichtsproblemen neigen, ist kein Geheimnis. Warum genau das so ist, wie es ist, erläutere ich Ihnen in im Kapitel „Mein neues Leben". Im Interview mit Monique Regensburger komme ich auf das Thema Corn Sirup zu sprechen. Der Sirup, der in vielen amerikanischen Produkten als Süßungsmittel eingesetzt wird bedingt unter anderem eine Gewichtszunahme.

Familienrestaurants

Es gibt viele einfache und preiswerte Restaurantketten, deren Kundenstamm bevorzugt Familien sind, zu denen das „Perkins" und das „Applebee's" gehören. Kinder bekommen Malzeug oder können unbeschwert herumtollen, ohne dass sich Gäste und Kellner gestört fühlen.

Deutsche Waren für deutsche Einwanderer
Denn die Sehnsucht ist so groß… Weitere Adressen, um deutsche Lebensmittel oder Zeitschriften und mehr zu bestellen, finden Sie auf den Internetseiten www.germangrocery.com und www.germanysbest.com. Online-Bestellungen sind möglich.

Kultur und Soziales

Fleisch oder Fisch

Restaurant-Ketten gibt es wie Sand am Meer, Spezialisten auf besonderen Gebieten nicht. Zur beliebten Restaurantkette in puncto Fleisch zählt in Amerika das „Outback-Steakhouse". Das Steakhaus ist mit Filialen in 21 Ländern vertreten und äußerst beliebt.

Sollten Sie auf Fisch stehen, bietet Ihnen „Red Lobster Seafood" mit 680 Niederlassungen allein in den USA und in Kanada hervorragende Mahlzeiten. Auf den Internetseiten können Kunden aktuelle Angebote ausfindig machen und weitere Infos erhalten. Schauen Sie dazu auf www.redlobster.com und www.outback.com.

✣ Das typisch amerikanische Frühstück

Das typisch amerikanische Frühstück besteht aus Ei, Speck, Bratkartoffeln, Schinken, Cornflakes (cereals), Orangensaft, Muffin, Bagel, Pancake/Crêpe mit Sirup oder Frucht sowie Kaffee/Tee.

✣ Ein kleiner Restaurant-Führer

In amerikanischen Restaurants gelten andere Sitten und Regeln als in deutschen Restaurants. In der ersten Zeit als Neuling können Sie schnell in das ein oder andere Fettnäpfchen treten. Beherzigen Sie die folgenden Sätze und einem angenehmen Dinner steht nichts im Wege.

Bitte warten Sie

Am Eingang eines US-Restaurants hängt in der Regel ein Schild mit der Aufschrift „Please wait to be seated" („Bitte warten Sie für einen freien Tisch"). Sie werden aufgefordert, am Eingang oder in seiner Nähe Platz zu nehmen, um auf den Kellner zu warten, welcher Ihnen Bescheid gibt, sollte ein Platz frei sein. Der Kellner wird Sie bitten, ihm zu Tisch zu folgen, wenn Plätze frei sind.

Als einzelner Gast oder als Gruppe werden Sie immer einen eigenen Tisch bekommen, auch wenn Plätze an anderen Tischen frei bleiben. Geschäftsbesprechungen finden oft beim Mittag- oder Abendessen statt und sollen privat bleiben und Familien sollen sich ungestört im Restaurant miteinander unterhalten können. Der Schutz der Privatsphäre ist wichtig, denn der Gast soll seine Mahlzeit in Ruhe und in entspannter Atmosphäre genießen.

Ist Deli die Delikatesse?

In den USA hat der Begriff Deli nicht die Bedeutung von Delikatesse. Deli steht für einen Platz im Supermarkt oder einen kleinen Laden, der frisch belegte Sandwiches oder ein Buffet anbietet, um den kleinen Hunger von beschäftigten Menschen zu stillen. Zwischen Meeting und Telefonkonferenz sind die mundgerechten Happen eine praktische Angelegenheit.

Kultur und Soziales

Reservierungen

Sobald Sie wissen, wann Sie dort essen möchten, sollten Sie sich einen Tisch im Restaurant Ihrer Wahl telefonisch oder per E-Mail reservieren. Sie tun sich damit selbst einen großen Gefallen. Gute Restaurants sind oft tagelang hoffnungslos ausgebucht, die Warterei kann nerven und in die Beine gehen.

Warum Restaurants oft voll besetzt sind, lässt sich nur dadurch erklären, dass in Amerika lebende Menschen keine Lust und Zeit haben, selbst zu kochen. Vor allem nicht, wenn die Mahlzeit preisgünstiger ist als das Essen, was Sie selbst am Herd zaubern. Amerikaner mögen es unkompliziert, günstig und lecker.

Bezahlung im Restaurant

Das Essen war lecker, Sie möchten zahlen, es gibt zwei Möglichkeiten. Entweder Sie zahlen am Tisch oder an der Kasse, welche sich meist im Eingangsbereich des Restaurants befindet.

Möchten Sie am Tisch zahlen, wird Ihnen ohne explizite Nachfrage bei Ende der Mahlzeit zügig die Rechnung gebracht.

Sollten Sie das Essen mit Ihrer Kreditkarte begleichen, legen Sie die Karte auf ein Tablett oder ein Buch, auf dem Sie die Rechnung vorgefunden haben. Rechnung und Karte werden vom Kellner abgeholt und zurückgebracht. Den hinzugefügten elektronischen Beleg über die (hoffentlich) erfolgreiche Zahlung per Kreditkarte müssen Sie nicht unterschreiben, bevor Sie gehen.

Vergessen Sie nicht, dem Kellner Trinkgeld (tip) zu geben. Das funktioniert auch per Kreditkarte. Wenn Sie Ihr Essen bar bezahlen, legen Sie das Geld plus Trinkgeld auf den Tisch und gehen. Etwa 15 Prozent des Rechnungsbetrags sind für ein Trinkgeld üblich, da ein Kellner meist nur ein geringes Grundgehalt bekommt und vom Trinkgeld lebt.

Sitz-Zeit

In Deutschland wird nach dem Essen gerne gesellig gequatscht, nicht selten bis in die Nacht hinein. In Amerika werden Sie, sobald Sie fertig gegessen haben, ungefragt die Rechnung serviert bekommen. Aufgrund von Reservierungen ist jeder Tisch des Restaurants straff durchgeplant. Sie sollten dem nächsten Kunden Platz machen. Wie im Absatz zuvor erwähnt, verdient die Bedienung an den neuen Gästen zusätzliches Trinkgeld.

Heiraten im Land

Heiraten ist schön. Ob es die traditionelle Hochzeit in Weiß ist oder die Kurzentschlossene in Vegas. Amerika macht Heiraten

Kaffee und Wasser

In den meisten Restaurants werden Ihnen Kaffee und Wasser kostenlos nachgeschenkt (free refill), so oft Sie das möchten. Sie zahlen nur einmal dafür, können mit gutem Gewissen nachordern.

Kultur und Soziales

unkompliziert. Vielleicht ist das der Grund, warum nicht wenige Deutsche besonders gerne im sonnigen Florida den Bund fürs Leben schließen.

Die USA locken mit wundervollen Orten samt eindrucksvoller Szenerie, an denen sich sogar Stars und Sternchen trauen (lassen) können. Der Gedanke, seinem Partner, umgeben von magischer Kulisse, die ewige Treue zu versprechen, reizt viele Menschen. Sie auch?

Voraussetzungen

Um in den Staaten heiraten zu dürfen, müssen beide Partner mindestens 18 Jahre alt sein (Ausnahmen gibt es auf Hawaii, wo 16-Jährige mit Zustimmung der Eltern heiraten dürfen!) und einen gültigen Reisepass oder das Visum vorzeigen, welches Sie als permanent resident alien ausweist. Wenn Sie in Deutschland geschieden sind, bringen Sie Ihr Scheidungsurteil mit.

Das Marriage License Bureau

Wenn Sie heiraten möchten, benötigen Sie in Amerika zunächst eine Heiratsgenehmigung. Bestimmt haben Sie an die Geburtsurkunde gedacht, (siehe dazu auch Kapitel „Vorbereitungen") die Sie nun mit zum zuständigen Büro für Heiratsgenehmigungen (Marriage License

Bureau) nehmen müssen. Neben Geburtsurkunde und gegebenenfalls Ihrem letzten Scheidungsurteil benötigen Sie den Führerschein, dann kann nichts mehr passieren. Außer dass Sie bald einen Ehepartner haben.

Kosten der Heiratserlaubnis

Das Marriage License Bureau stellt Ihnen gegen eine geringe Gebühr eine Heiratserlaubnis aus. Auf Hawaii oder in Las Vegas bezahlen Sie um die 50 US-Dollar dafür, um einen Richtwert zu geben.

Mit der Heiratserlaubnis dürfen Sie in den kommenden 30 Tagen heiraten. Ob Sie das an Ort und Stelle in der Behörde oder in einer Kirche der Umgebung tun, spielt keine Rolle. Wie es Ihnen beliebt.

Trauzeugen

Im Optimalfall haben Sie bei Ihrer Hochzeit gute Freunde und die Familie um sich geschart. Kennen Sie in Amerika noch niemanden, wird es schwer, geeignete Trauzeugen zu finden. Wenn Sie zum Beispiel auf Hawaii heiraten möchten, brauchen Sie zwei Trauzeugen, ob Sie die kennen oder nicht. In vielen Orten wie Las Vegas benötigen Sie keine. Das „Marriage License Bureau" gibt Ihnen darüber Informationen.

Kultur und Soziales

Wo Sie JA (und Amen) sagen können

Nachdem Sie sich die Heiratserlaubnis besorgen konnten, dürfen Sie sich nun aussuchen, ob Sie eine Hochzeitskapelle (wedding chapel) für den großen Tag wählen oder es beim „Ja" auf dem Standesamt (civil registry office) belassen. Beide Formen sind offiziell anerkannt.

Achten Sie bei der Wahl der Wedding Chapel auf die offizielle Befugnis. Einige Kapellen besitzen keine Erlaubnis, Ihnen den Segen zu geben.

Kosten für die Eheschließung in einer Hochzeitskapelle liegen bei 55 Dollar, der gleiche Preis gilt für die Heirat im Standesamt durch den Standesbeamten (commissioner of civil marriages).

Apostille

Wenn die Trauung abgeschlossen ist, erhalten Sie einen internationalen Echtheitsvermerk, damit die Hochzeit weltweit rechtens ist. Das Dokument trägt den Namen Apostille.

Die Apostille können Sie in der Regel gleichzeitig mit Ihrer Heiratsurkunde (marriage certificate) beim örtlichen „Department of Health Statistic" beantragen. Unter www.cdc.gov gibt es dazu weitere Informationen.

⚜ Wenn ich einen Amerikaner heirate, darf ich bleiben?

Eine Heirat mit einem US-Amerikaner bringt einem Deutschen nicht sofort eine dauerhafte Aufenthaltsgenehmigung. Nach der Heirat muss das Paar eine Petition zur Immigration stellen, in der die permanente Aufenthaltserlaubnis – also das Visum - beantragt wird.

⚜ Das Verlobten-Visum

Möchte ein Paar zusammen in Amerika leben, ist ein sogenanntes Verlobten-Visum (K-1-Visum) möglich, das vor der Eheschließung einem US-Staatsbürger und einem Nicht-US-Staatsbürger die Gelegenheit bietet, einander nahe zu bleiben.
Der US-Bürger, der einen Nicht-US-Bürger heiraten möchte, sollte für eine reibungslose Abwicklung bei der Zweigstelle der US-Einwanderungsbehörde (USCIS) eine Petition einreichen. Die Petition trägt den Namen Petition for an Alien Fiance(e).

Ist der Antrag genehmigt, berechtigt das den Nicht-US-Bürger, ein K-1-Visum zu erhalten - sehen Sie dazu auch das Kapitel „Einwanderung".

Die Bearbeitungszeit einer Petition kann drei Monate dauern. Sobald die genehmigte Petition nach Deutschland geschickt wurde, wird der Nicht-US-Partner innerhalb eines Monats das K-1-Visum bekommen.

Kultur und Soziales

Das K-1 erlaubt ihm, innerhalb von sechs Monaten in die USA einzureisen und binnen 90 Tagen die andere Hälfte (Petitions-Einreicher) zu heiraten.

ᕦ Kids in America

Amerika ist eines der kinderfreundlichsten Länder auf dieser Welt. Die Kleinen werden geliebt, umsorgt, gefeiert und verwöhnt. Denken Sie an „Disney World" in Florida, das jährlich über 17 Millionen große und vor allem kleine Besucher zählt. Die Erlebniswelt gehört zu den meistbesuchten Themenparks der Welt. Kinder haben in Amerika einen Sonderstatus, genießen Welpenschutz, werden an Schulen und Universitäten gefördert und ausgebildet.

ᕦ Die Familienpackung

Bei dem Einkauf im Supermarkt geht es schon los. Neben Familienpackungen (family packages) und speziellen Kinder-Angeboten (kid's specials) erwarten die Kleinen überall tolle Kinderprogramme (children's programs).

Neben Babyschalen warten spezielle Einkaufswagen mit Sitzen für mehrere Kinder am Eingang auf Sie. Süßigkeiten und Spielzeuge schimmern in allen erdenklichen quietschbunten Farben. Ein Einkauf mit Kindern dauert doppelt so lang wie der Einkauf in Deutschland und gleicht einer abenteuerlichen Expedition durch das Warensortiment der USA.

Überall, wie hier in Las Vegas, entdecken Sie Warnhinweise, die Sie darauf aufmerksam machen, dass Sie bei Hitze Tiere (und Kinder) nicht im Auto lassen sollen.

Die Hitze kann gefährlich werden

Lassen Sie Ihr Kleinkind niemals unbeaufsichtigt im Kinderwagen. und nicht im Pkw. Je nachdem, wo Sie in Amerika sind, herrschen grauenhaft heiße Temperaturen. Gerade im Auto ist es unerträglich heiß, wenn der Motor abgestellt und Klimaanlage ausgestellt ist. Sollten Sie sich an das Verbot nicht halten, machen Sie sich strafbar und werden dafür bestraft. Die Polizei hat ein besonders wachsames Auge für zurückgelassene und unbeaufsichtigte Kinder in Fahrzeugen.

Kultur und Soziales

⅋ Kinderbetreuung

Kindereinrichtungen sind eine tolle Möglichkeit auf natürliche, spielerische Weise und früh genug mit der neuen Heimat, Kultur und Sprache vertraut zu werden. In den Staaten gibt es ein großes Betreuungsnetzwerk für Kleinkinder. Das hat sich ausgebreitet, da Amerikanerinnen viel eher und viel häufiger Kinder bekommen als die deutsche Frau.

Für berufstätige Mütter ist es eine enorme Erleichterung, die Kinder in guten Händen zu wissen, während sie dem Job nachgehen. Sie dürfen alle erwähnten Einrichtungen auch nutzen, wenn Sie keiner Arbeit nachgehen. Bei der Anmeldung Ihres Kindes werden Sie nicht danach gefragt.

⅋ Betreuungseinrichtungen

Professionelle Betreuungseinrichtungen werden als „nursery school", „child day care" oder „preschool" bezeichnet. Die Inanspruchnahme einer privaten Einrichtung ist mit Kosten verbunden, staatliche Child-day-care-Einrichtungen hingegen sind die Ausnahme.

Die Zentren bieten ein allumfassendes Betreuungsprogramm, das über Versorgung und Beschäftigung weit hinausgeht.

Day-care-centers erhalten keine staatlichen Fördermittel, werden oft von lokalen Arbeitgebern bezuschusst und von sonstigen privaten Zuschüssen getragen. Eltern mit geringem Einkommen können oft Kostenermäßigungen beantragen.

⅋ Betreuungseinrichtungen

Melden Sie Ihr Kind früh genug in einer Betreuungseinrichtung an, wenn Sie sich für eine entschieden haben. Bei besonders guten Einrichtungen müssen Sie mit Wartezeiten bis zu einem halben Jahr rechnen. Neben den privaten und öffentlichen Betreuungszentren gibt es noch weitere Möglichkeiten, das Kind in die Obhut qualifizierter Menschen zu geben.

Anlaufstellen für Informationen über alle Einrichtungen sind die Stadtverwaltung, Kinderärzte und öffentliche Bibliotheken. Zudem können Sie auch bei der YMCA (Young Men's Christian Association) nachfragen.

⅋ Der Beginder- und der Kindergarten

Bevor Ihr Nachwuchs in die Schule kommt, gibt es für ihn die Möglichkeit, einen Kindergarten zu besuchen. Der Kindergarten ist eine öffentliche Einrichtung und freiwillige Schulvorbereitungsklasse, wird auch Klassenstufe K genannt. Diese Klasse bildet die Eingangsklassenstufe der Grundschule (elementary school.) Der Besuch des Kindergartens ist kostenfrei.

Neben dem Kindergarten existiert der „Begindergarten". Er ist für für Kinder, die das Kindergartenalter schon haben, jedoch noch nicht

Kultur und Soziales

genügend mit Buchstaben und Zahlen vertraut oder einfach noch (zu) lebhaft sind, um sich in den vergleichsweise geordneten Alltag einer Kindergartenklasse einzufügen. Der Beginderngarten ist ebenfalls kostenlos.

❧ Die Grundschule

Nach dem Kindergarten gehen Kinder in die Grundschule (elementary school). Das Einschulungsalter liegt bei sechs Jahren, ist aber abhängig vom Bundesstaat. Der Besuch einer öffentlichen Schule und der Highschool ist kostenlos und deren Wahl steht Eltern frei. Die Schule sollte allerdings innerhalb Ihres Schuldistrikts liegen, damit lange Schulwege vermieden werden.

❧ Die Highschool

Das Schulsystem der Highschool, die Ihr Kind nach der Elementary School in einer Tour durchläuft, ist vergleichbar mit dem System der deutschen Gesamtschule. Nicht nur die Pflichtfächer wie Englisch oder Politik sind Bestandteile des amerikanischen Schulwesens, auch Sport und Kultur.

Das Schulnotensystem unterscheidet sich insofern, dass die Bewertung einzelner Leistungen nicht durch Zahlen, sondern anhand von Buchstaben (A bis F) erfolgt.

Neben öffentlichen Schulen kann Ihr Kind eine Privatschule besuchen. Amerikaner wie Einwanderer schwören auf diese Schulform. Der Unterricht an Privatschulen soll intensiver sein und ein breiteres Wissen vermitteln. Wenn Sie in Betracht ziehen, Ihr Kind nach der Highschool auf das College oder eine Universität zu schicken, haben Sie mit der Wahl einer Privatschule bestens vorgesorgt.

Das Recht auf Home Schooling

Wenn religiöse Gründe Sie abhalten, das Kind auf eine öffentliche oder private Gemeinschaftsschule zu schicken, können Sie sich die Lehrer nach Hause holen. Das passiert in Amerika öfter, als Sie vermuten.

Der Heimunterricht (home schooling) hat seinen Preis und Sie sollten bedenken, dass diese Form des Unterrichts eher hinderlich für eine Integration in ein soziales Umfeld ist.

Für welche Unterrichtsart Sie sich entscheiden Schulunterricht ab dem sechsten bis zum 16. Lebensjahr ist in jedem der Fälle Pflicht!

Die Integration behinderter Kinder

Die Integration von chronisch kranken oder behinderten Kindern (children with special needs) verursacht in den Staaten niemals ein Problem! Sorgen Sie sich nicht, in Amerika sind behinderte Kinder wie gesunde Kinder gern gesehene Gäste. Das gilt für Kindergärten, Schulen und Universitäten gleichermaßen.

Kultur und Soziales

Ferien und Freizeitgestaltung

Das Schuljahr beginnt im September und endet Mitte Juni. Die Sommerferien dauern in den Staaten drei Monate. Weitere Ferien mit je einer Woche schulfrei gibt es zu Weihnachten, Thanksgiving und zum Osterfest.

Viele Vereine bieten Freizeitgestaltung in Form von Summer Camps an. Auch wenn Sie dafür wieder mit Kosten rechnen müssen, bietet die Sommerfreizeit den Kindern eine tolle Chance, die Zeit mit Gleichaltrigen in einer Gemeinschaft zu verbringen und Freundschaften zu schließen.

College und Universitäten

Ein College bietet Kindern nach der Highschool verschiedene Studiengänge an. Nach Beendigung des College erhalten die Absolventen den Abschluss eines Bachelor oder einen ähnlichen akademischen Abschluss wie das Certificate, Diploma oder den Associate Degree.

Die Universität (university) bietet im Gegensatz zum College eine breitere Palette unterschiedlicher Abschlüsse und besteht in der Regel aus mehreren verschiedenen Fakultäten.

Für beide Einrichtungen werden je nach Bundesstaat unterschiedliche Teilnahmegebühren erhoben. Studiengebühren können bei Bedarf zum Teil auch von staatlichen Organisationen wie der Federal Student Aid oder Student Financial Aid übernommen werden.

Bürgerliche Mitbestimmung

Amerikaner wissen über Europa wenig oder gar nichts. Viele von ihnen sind heute noch der Meinung, dass Deutschland sich vom Weltkrieg nicht erholt hat und es dort ausschaut wie in Schutt und Asche.

Damit Sie als Deutscher mehr über die amerikanische Politik wissen als es umgekehrt der Fall ist, gebe ich Ihnen einen kurzen Überblick über bestimmte politische Angelegenheiten.

Wahlberechtigung in Amerika

Wahlberechtigt ist jeder Staatsbürger der Vereinigten Staaten ab dem 18. Lebensjahr. Der Wohnsitz des Wahlberechtigten muss in einem der 50 Bundesstaaten oder dem District of Columbia liegen. Bewohner der Territorien Puerto Rico, die US Virgin Islands, American Samoa, Guam und Northern Mariana Islands

Die Verfassung der Vereinigten Staaten

Die Verfassung der Vereinigten Staaten vom 17. September 1787 legt die politische und rechtliche Grundordnung der Vereinigten Staaten fest. Sie sieht eine föderale Republik im Stil eines Präsidialsystems vor, in der der Präsident Staats- und Regierungschef ist. Das US-politische System zeichnet sich durch die Gewaltenteilung (Exekutive, Legislative und Judikative) und den verbindlichen Grundrechtekatalog, durch die sogenannte ,Bill of Rights', aus, wonach die Grundrechte als unveräußerliches Wertegut deklariert sind. Die Verfassung ist bislang erst 27 Mal in Form von Zusatzartikeln geändert/ ergänzt worden.

Kultur und Soziales

haben kein aktives Wahlrecht. Personen, die am Wahltag im Gefängnis sitzen, dürfen an einer politischen Wahl nicht teilnehmen.

Wo wählen Sie?

Wählen dürfen Sie als Wahlberechtigter immer dort, wo Sie Staatsbürger sind. Sollten Sie deutscher Staatsbürger sein, dürfen Sie in Amerika nicht wählen. Dafür haben Sie in Deutschland noch eine Stimme.

Wenn ein gemeldeter deutscher Wohnsitz besteht, können Sie als Wahlberechtigter die Briefwahl beantragen. Alle nötigen Wahlunterlagen werden Ihnen nach Amerika zugesendet. Die Briefwahl ist bei Bundestags-, Europa-, Landtags- und Kommunalwahlen möglich.

Ihre neue oder alte Staatsbürgerschaft

Rechtlich gesehen verlieren Sie Ihre deutsche Staatsbürgerschaft dann, wenn Sie die amerikanische Staatsbürgerschaft angenommen haben. Es sei denn, Sie können begründen, dass Sie beide Staatsangehörigkeiten benötigen.

Wenn Sie die deutsche Staatsbürgerschaft beibehalten möchten, sollten Sie sich bei der US-Auslandsvertretung darüber informieren. Möglich ist es, doch eher die Ausnahme.

Eine Erteilung einer sogenannten Beibehaltungsgenehmigung setzt einen schriftlichen Antrag voraus. Formular finden Sie auf der Homepage des Auswärtigen Amt in den USA unter http//www.germany.info.

Möglichkeit der Einbürgerung

Als Greencard-Inhaber ist es Ihnen nach fünf Jahren Aufenthalt in den USA gestattet, einen Einbürgerungsantrag zu stellen. Wenn Sie die Greencard über Ihren Ehepartner erhalten haben, sparen Sie bis zu zwei Jahre Wartezeit.

Eine weitere Voraussetzung für einen Einbürgerungsantrag ist der Nachweis darüber, dass Sie die Hälfte dieser Wartezeit in den Staaten verbracht haben. Des Weiteren müssen Sie für den Antrag mindestens 18 Jahre alt sein und dürfen weder geistig behindert noch geschäftsunfähig sein. Ausreichende Kenntnisse über die amerikanische Verfassung sowie die englische Sprache sind ebenfalls erforderlich.

Sprache

Verstehen und verstanden werden

Sind Sie der englischen Sprache mächtig, gibt es keine Hürde, wenn Sie in die Vereinigten Staaten einwandern möchten. Sollten Sie dazu noch ein paar Brocken Spanisch sprechen, ist das ziemlich hilfreich und besonders im Süden des Landes gern gehört. Englisch ist aber nicht gleich Englisch. Und um Ihre Kenntnisse im Sprachbereich zu verbessern, stehen Ihnen viele Wege offen.

❧ Die Eigenheiten des American English

Viele Länder der Erde sprechen Englisch, das geht in Äthiopien los und hört in Simbabwe auf. Besonders das britische Englisch unterscheidet sich vom amerikanischen Englisch (american english) nicht nur in Aussprache, vor allem im Wortschatz und der Grammatik. Amerikaner sind tatsächlich sprachfaul, da sie gerne einen Buchstaben im Wort weglassen, der im britischen Englisch seinen Platz hat.

Wortendungen und Tücken

Einige Worte, die im britischen Englisch auf -re enden, hören im American English mit -er auf (metre/meter). Anstelle der britischen Endung -our genügt dem Amerikaner das -or (favour/favor).

Worte, die im britischen Englisch mit -ogue enden werden in Amerika gern abgekürzt (catalogue/catalog). Wo das britische Englisch sich mit einem c begnügt, bevorzugt der Amerikaner ein -se (defence/defense). Amerikaner mögen das z gern, welches Sie bei dem Verbalsuffix (zum Beispiel to realise/realize) einsetzen.

Von fall und autumn

Die dritte Jahreszeit nennen Amerikaner „fall", wohingegen die Engländer das Wort „autumn" verwenden.

Eine Stewardess wird im Vereinigten Königreich „air hostess" genannt, der Amerikaner nennt sie „flight attendant".

Wenn Sie in Amerika eine Anzeige schalten, sollten Sie von „commercial" sprechen, nicht von „advertisement", was im britischen Englisch üblich ist.

In England wird für das Wort Medizin das Wort „medicine" verwendet, der Amerikaner nutzt den Ausdruck „drug" dafür.

Benötigen Sie Kondome, sollten Sie nach dem „rubber" fragen, um in Amerika fündig zu werden. In England ist das Wort „condom" gebräuchlich. Verwechseln Sie Letzteres

Die amerikanische Schreibweise

Amerikaner schreiben meist selbst ganze Sätze komplett in Großbuchstaben. Das Datum schreiben sie beginnend mit dem Monat, nach dem Schrägstrich folgt dann erst die Ziffer für den Tag (21/03 für den 21. März). Adressen werden in den USA anders als bei uns angegeben: Nach der Hausnummer folgt der Straßenname.

Verstehen und verstanden werden

allerdings, ist das nicht tragisch. Sie bekommen in England bei einem „rubber" dann einen Radiergummi.

Worte, typisch Amerikanisch

Lustig wird es, wenn Sie auf Worte stoßen, die in England niemand kennt, die in Amerika jedoch gebräuchlich sind.

Im Vereinigten Königreich kennen die Menschen keinen „elevator" und nutzen das Wort „lift", wenn Sie über den Aufzug sprechen.

In Amerika werden Sie mit dem Wort „rubber" nicht erfolgreich sein, sollten Sie den Radiergummi nun doch brauchen. Amerika nutzt dafür das Wort „eraser".

Wenn der Abfluss mal verstopft ist, sollten Sie das im britischen Englisch gebräuchliche Wort „plug hole" nicht verwenden. In Amerika kennen die Menschen den Abfluss nur unter dem Wort „drain".

Die Anrede

Amerikaner bestehen darauf, mit dem Vornamen angeredet zu werden. Verwechseln Sie das nicht mit dem Angebot einer Freundschaft. Das Angebot ist lediglich wieder eine Höflichkeitsfloskel. Generell gilt in Amerika wie auch in Deutschland, dass Sie Ihr Gegenüber so ansprechen, wie Sie angeredet werden. Wenn der Gesprächspartner Ihren Vornamen nutzt, dann machen Sie es ihm nach, unabhängig davon, wie ihre Position im Autoritätsgefüge ist.

Die Verwendung von Titeln wie „Dr.", „Ms.", „Mrs." und „Mr." plus Nachname wird auch gerne gehört.

Da es in der englischen Kommunikation keine Übersetzung für die deutsche Anrede „Sie" gibt, sollte Ihnen die amerikanische Anrede „you" in Fleisch und Blut übergehen.

✿ Einfluss fremder Sprachen in Amerika

In und um Miami herum – nein, eigentlich im kompletten Süden der USA – erleben Sie Mixkultur auf vielfältigste Weise. Aus aller Herren Länder kommen die Menschen zusammen, was durch die große Einwanderungsquote aus Mittel- und Südamerika bedingt ist. Im ganzen Land sind Exilkubaner und Puerto Ricaner keine Seltenheit und gehören wie alle anderen Immigranten zum amerikanischen Alltag.

Durch die Einwanderung der Kulturen, die ihren unverwechselbaren Charme und den ganz eigenen Lebensstil mitbringen, wird Amerika überall zu einem Erlebnis.

Testen Sie Ihr amerikanisches Englisch

Lernen Sie die Unterschiede zwischen amerikanischem und britischem Englisch besser kennen! Im Internet finden Sie ein tolles Portal zu diesem Thema, sollten Sie sich ausführlicher damit auseinandersetzen wollen. Prüfen Sie Ihr Wissen unter www.englisch-hilfen.de.

Verstehen und verstanden werden

Zweisprachige Speisekarten und Eingangs-schilder sind keine Seltenheit im Land. Jeder Mensch soll ganz sicher die Toilette von der Abstellkammer unterscheiden können.

Sprache in Kalifornien

Obwohl Kalifornien kulturell um vieles euro-päischer ist als der Rest von Amerika, kommen Sie mit Deutsch, Italienisch oder Französisch nicht weit. Wer gut Englisch spricht, ist in Kalifornien schnell zu Hause. Mittel- und Süd-amerikaner sind zahlreich vertreten, weshalb Grundkenntnisse in Spanisch nützlich sind.

Sprache an der Ostküste

An der Ostküste, besonders in Texas, werden Sie zeitweise auf einen Dialekt stoßen, den Sie nicht verstehen. Dort nuscheln Menschen gerne, es ist schwer, zuzuhören geschweige denn zu verstehen, was eigentlich gerade erzählt wird. Bitten Sie einen Texaner, langsam und deutlich zu sprechen, wenn Sie ihn nicht verstehen. Er wird es Ihnen nicht krumm nehmen.

Spanisch

Spanisch wird in Amerika als erste Fremd-sprache gelehrt. Der lateinamerikanische Anteil der Bevölkerung ist sehr hoch, die Wahl macht Sinn. Bemerkbar machen sich die lateinamerikanischen Einflüsse besonders in den Bundesstaaten, die an Mexiko grenzen. Der Reihenfolge nach gehört die USA hinter Ländern wie Mexiko, Kolumbien, Spanien oder Argentinien sogar zum Land mit dem größten Spanisch sprechenden Bevölkerungsanteil. In einigen Bundesstaaten wie New Mexico ist Spanisch als zweite Amtssprache festgelegt.

Französisch

Französisch wird oft und gerne im äußersten Nordosten in Maine und im Bundesstaat Loui-siana gesprochen.

Deutsch

In North und South Dakota sowie in der unmittelbaren Umgebung ist Deutsch sehr verbreitet und nach Englisch die zweithäufigste gesprochene Sprache.

❧ Die offizielle Amtssprache der USA

Englisch kann als offizielle Sprache der Vereinigten Staaten angesehen werden. Doch nur einige Bundesstaaten haben Englisch als Amtssprache festgelegt. Die Legislative der Vereinigten Staaten hat Englisch nie in diesen Status erhoben.

Auch wenn die amerikanische Verfassung und andere Gesetze seit jeher in der englischen Sprache verfasst wurden.

Verstehen und verstanden werden

Bi- und Trilinguale Bundesstaaten und Territorien

Zu bilingualen Gebieten zählen die Bundesstaaten und Territorien der USA deren Bewohner zweisprachig sind. Auf Hawaii wird offiziell Hawaiisch gesprochen, doch neben Hawaiisch wird auch Hawaiisches Englisch geredet. Ein weiterer bilingualer Bundesstaat ist Louisiana – dort werden Englisch und Französisch gesprochen, obwohl keine der Sprachen offizielle Amtssprache ist.

Trilingual sind Bundesstaaten oder Territorien, in denen Einwohner drei Sprachen sprechen. Die nördlichen Marianen zählen zu diesen Staaten, da sie Englisch, Chamorro und Karolinisch sprechen.

Uramerikanische Sprachen

In den wenig übrig gebliebenen Indianerreservaten der USA werden noch uramerikanische Sprachen gesprochen.

Zum Beispiel die Cherokee-, Choctaw- und die Muskogee-Sprache. Diese besonders alten Sprachen sind vom Aussterben bedroht, es gibt nur wenige Programme und Sprachgemeinschaften, die sich um den Erhalt bemühen und sie regelmäßig bei Treffen benutzen.

✽ Sprachschulen

Gute Sprachreisen und Sprachkurse ausfindig zu machen ist keine leichte Aufgabe. Nach der stundenlangen Internetrecherche wird schnell klar: Es gibt zu viele Anbieter, die sich darauf verstehen, Sie in vier Wochen zum Profi der englischen Sprache zu machen. Das ist prima, aber nur dann, wenn Sie 24 Stunden täglich lernen und jede Menge Bares mitbringen können.

Kurse und Workshops in Ihrer Nähe und für das passende Budget lassen sich dennoch finden. Folgende Anbieter sind preislich wie auch fachlich empfehlenswert, sollten Sie Ihre Englischkenntnisse verbessern wollen.

Volkshochschule
Die Volkshochschulen bieten regelmäßige Englisch-Kurse für Einsteiger und Fortgeschrittene an.
www.vhs.de

Ausgewanderte Begriffe

Die Amerikaner haben ein besonderes Faible für Germanismen. Floskeln made in Germany sind im Trend. Der deutsche Basketballspieler Dirk Nowitzki ist für Amerikaner das German Wunderkind und Männer, die wilde Partys feiern und sich mit dem deutschem Produkt Jägermeister zuschütten, werden gerne Jägerdude genannt. Noch mehr deutsche Worte sind in Amerika nicht mehr wegzudenken. Niesen Sie wegen einer Erkältung, kann es passieren, dass Ihr Nachbar „Gesundheit" wünscht. Das Wort Gesundheit findet sich wie die Worte Strudel, Weltanschauung, Bildungsroman oder Kitsch längst im amerikanischen Alltag wieder. Erschrecken Sie nicht, wenn Sie von einem Amerikaner gefragt werden, ob Sie Wanderlust haben oder er Sie mit einem Rucksack ins Hinterland nehmen möchte. Sie sind nicht in den Alpen, sondern immer noch in Amerika.

Verstehen und verstanden werden

Langenscheidt
Die bekannte Fachliteratur bereitet Sie systematisch darauf vor, nicht nur berufliche Situationen in der Fremdsprache Englisch zu meistern.
www.langenscheidt.de

ICXchange
ICX vermittelt Schul- und Familienaufenthalte in die USA, Sie können sich als Gastfamilie vorstellen und so mehr über Land und Leute erfahren.
www.icxchange.de

Berlitz
Berlitz bietet Ihnen Einzel- oder Gruppenunterricht in Ihrer Nähe an.
www.berlitz.de

Fernakademie Klett
Über die Fernakademie Klett können Sie bequem und von zu Hause aus Ihre Englisch-Kenntnisse auffrischen oder vertiefen.
www.fernakademie-klett.de

PC-Lernsoftware

PC-Programme ermöglichen Ihnen, Englisch zu lernen wann und wie Sie es gern möchten. Ein bekannter PC-Englisch-Trainer ist der Langenscheidt Vokabeltrainer. Die Software lehrt Sie Vokabeln und bringt Ihnen die richtige Grammatik bei. Informationen zu dieser und

anderer PC-Software finden Sie im örtlichen Buchhandlung sowie online, bei den bekannten Internetanbietern.

Die Aktion Bildungsinformation e.V.

Die „Aktion Bildungsinformation e.V." mit Sitz in Stuttgart ist eine gemeinnützig arbeitende Verbraucherschutzeinrichtung. In Bildungsfragen informiert diese als neutrale und unabhängige Auskunftsstelle über Fern- und Direktunterricht, Sprachreisen sowie berufliche und schulische Weiterbildungsmöglichkeiten.

EF Education First

„EF Education First" ist einer der großen privaten Bildungsanbieter mit Büros und Sprachschulen in 50 Ländern, so auch in Deutschland und in den USA. Die Tätigkeitsfelder des Unternehmens sind Sprachreisen, Kulturaustausch, akademische Programme und Bildungsreisen. Informationen erhalten Sie unter www.ef-deutschland.de.

Der englische Podcast
Eine Alternative zu Sprachschulen und der PC-Software bietet Ihnen das Internet. „English as a second language" ist ein englischer Podcast und aufgemacht wie eine Radiosendung. Sie können sich interessante Beiträge downloaden und anhören, sooft Sie mögen. Die „University of California" stellt diese Lernmöglichkeit regelmäßig unter www.eslpod.com für Interessierte und Lernwillige kostenlos zur Verfügung.

Verstehen und verstanden werden

Inlingua

inlingua®

„Inlingua" bietet individuelles Sprachtraining in Amerika vor Ort oder in Deutschland. Sie erhalten Sprachtraining auf professionellem Niveau, ein Special ist der „Vacation Course" der an verschiedenen US-amerikanischen Sprachschulen gelehrt wird. Auf der Internetseite www.inlingua.de finden Sie alle Kontaktdaten.

Ein gutes Wörterbuch

Das gute alte Wörterbuch – gehört in Ihr Gepäck.

Am Ende dieses Buches habe ich Ihnen eine Sammlung der – aus meiner Erfahrung – wichtigsten Begriffe des American English zusammengestellt. Machen Sie sich die Mühe und lernen Sie zumindest diese Begriffe und Floskeln, um bei Ihrer Ankunft nicht ganz verständnislos am Flughafen zu stehen.

Amerikanische Sprachschulen und Sprachkurse

Nach der Einreise in die Staaten können Sie vor Ort private Sprachschulen aufsuchen oder an eine der örtlichen Universitäten gehen. Dort werden regelmäßig Kurse speziell für Immigranten ausgeschrieben und abgehalten.

Viele Städte in den USA bieten auch über das College der Stadt kostenlose Englischkurse für Ausländer an. Diese Kurse nennen sich ESL-Kurse (English as a second language).

Im Internet finden sich auch Kursangebote, um die englische Sprache zu verbessern. Schauen Sie dazu auf die Internetseite www.languagecourse.net.

Mein neues Leben

Auswanderer berichten

Zwei unterschiedliche Familien, zwei unterschiedliche Geschichten. Was Sie planen und vorhaben, haben Familie Regensburger und Familie Nio bereits hinter sich. Von der Einreise in die Staaten bis hin zur Geschäftsgründung – Sie können von der Erfahrung der Deutschen in Amerika lernen. Trotz Strapazen wie allerlei Behördengängen und Gesundheitschecks sowie der Umstellung auf den US-Arbeitsalltag haben die Neu-Amerikaner ihren Schritt über den Teich nie bereut.

❧ Familie Regensburger

Die Familie Regensburger hat sich 2007 – beruflich bedingt – für eine gemeinsame Einwanderung in die Staaten entschieden. Udo (38), Monique (40) und die Tochter Megan (10) verlegten Ende 2007 ihr komplettes Leben nach Greenwood in South Carolina. Da Monique amerikanische Staatsbürgerin ist, war es ein Leichtes, überzusiedeln. Udo hatte ein Stellenangebot in der Tasche.

Das neue Leben in Amerika

Udo bekam ein interessantes Jobangebot in seinem Beruf als Maschinenbau- und Galvaniseurmeister. Nachdem er sich vor Ort in Amerika mit dem Unternehmen vertraut gemacht hatte, entschied sich die Familie für ein Leben in den Staaten und kehrte der Stadt Grosshöhenrain nahe München den Rücken. Mit allerlei Sack und Pack starteten die

Familienmitglieder nacheinander ihren Weg. Udo flog im Oktober 2007 über den Teich, Megan, Monique und Hund Pongo folgten zwei Monate später.

Der Hund muss mit

Der Hund der Familie sollte mit nach Amerika, das stand fest. Pongo - zum Reisezeitpunkt vier Jahre alt - wurde im Nonstop-Flug der Lufthansa von München nach Charlotte in North Carolina mittransportiert.
„Vorteil der Airline war, dass die Lufthansa - im Gegensatz zu anderen Fluggesellschaften - keine Beschränkungen bezüglich der Mitnahme von Haustieren haben", erzählt Monique Regensburger.

Sie ist noch heute verwundert, dass ein Transport der Vierbeiner kurioserweise bei Fluggesellschaften von der Jahreszeit abhängig gemacht wird.

„Den Flug selbst hat Pongo mit leichten Beruhigungsmitteln super überstanden."

Das Pferd muss mit

Das eigene Pferd Nando stellte die Familie bei der Einreise vor eine große Herausforderung. Das Pferd wurde von einem speziellen Pferdespediteur in der Heimat abgeholt und mit dem Lkw zunächst nach Norddeutschland und dann weiter nach Amsterdam transportiert. In

Eine Folge von „Mein neues Leben" verpasst?
Dann klicken Sie sich rein, unter...

 www.kabeleins.de

Auswanderer berichten

Amsterdam wurde Nando in einen Flugcontainer verladen und auf direktem Weg nach New York geflogen.

Drei Tage Quarantäne und Sicherheitsmaßnahmen wie die komplette Desinfizierung des Tieres waren Voraussetzung, um Nando von dort aus per Lkw zur neuen Heimat zu fahren.

„Die Fahrt dauerte ganze 28 Stunden. Glücklicherweise hat Nando die Reisestrapazen gut überstanden", sagt Udo Regensburger.

Deutsche Bücher und Bestseller

Die lesefreudige Familie nahm neben den Tieren viele deutsche Bücher mit nach Amerika. Keiner der drei wollte in der neuen Heimat auf deutsche Lektüre verzichten.

Als Megan später in ihrer Privatschule - der Greenwood Christian School - ein Buch der Reihe Harry Potter vorstellen wollte, musste das junge Mädchen das in Deutschland so berühmte Werk allerdings wieder einpacken. Aufgrund der Hexerei und der Zauberkunst, die in dem Buch von gewöhnlichen Menschen verkörpert und gelebt wird, passt Harry nicht in das Konzept des traditionellen Lehrplanes. In South Carolina sind alle Menschen - ob Arbeiter, Computerfachmann oder Lehrer – stark religiös orientiert.

Privatschule für das Kind

Monique ist hellauf begeistert, wenn sie über die Privatschulen der Umgebung spricht. Die Schulen werben zwar damit, dass die darwinsche Lehre an den Haaren herbeigezogen ist und aus diesem Grund nicht gelehrt wird (tatsächlich glauben Menschen aus South Carolina, der Mensch stamme aus Adams Rippe), sind jedoch kinderfreundlich und vermitteln hervorragendes Wissen.

„Megan fühlt sich pudelwohl und konnte durch das Schulleben an der Highschool beständige Freundschaften aufbauen!" schwärmt Monique Regensburger.

Durch meine Ausführungen in diesem Ratgeber unter „Kultur und Soziales Leben" wissen Sie bereits, dass ein Freundes- und Bekanntenkreis immens wichtig ist, um sich im Land mit all dessen Eigenheiten schneller zurechtzufinden.

Freiwilligendienst ist hoch angesehen

Durch seine Erfahrung in Deutschland konnte Udo im neuen Land trumpfen. Er meldete sich zum Dienst bei der freiwilligen Feuerwehr des Ortes, erweiterte so den Bekanntenkreis und sicherte sich einen Platz in der Gemeinschaft.

„Freiwilligendienste sind in den USA gern gesehen. Amerikaner schätzen alle Feuerwehrmänner, da sie dem Land treue Dienste erweisen", erzählt Udo Regensburger.

Auswanderer berichten

Udo Regensburger (markiert) mit seinem Team der freiwilligen Feuerwehr von Greenwood

Oft konnte Udo mit Charme und seinem Feuerwehr-Shirt Vorteile und Ansehen genießen: An Flughäfen lassen Angestellte den Deutschen häufig durch den Seiteneingang. Im Supermarkt wird Udo angelächelt, wenn sein Pieper geht – die sonst so lahmen Kassiererinnen rollen die Waren schneller über das Scangerät, der Herr muss schließlich zum nächsten Einsatz!

Der Job

Nach der Einreise und dem Antritt seiner ersten US-Arbeitsstelle hatte Udo es nicht leicht, da er direkt mit der harten Arbeitskultur konfrontiert wurde.

„Kleine Unternehmen nutzen Arbeitskräfte aus. Ich kam mir vor wie ein Sklave. Das Hire-and-Fire-Prinzip steht besonders bei Kleinunternehmen hoch im Kurs. Ich wurde unzufrieden und musste selbst am Wochenende und an Feiertagen arbeiten. Überstundenausgleich habe ich nie erhalten. Als die ehemalige Chefin spitz bekam, dass ich mich nach einer besseren Stelle umschaute, wurde mir sofort gekündigt!"

Die Hire-and-Fire-Praktiken, die im Kapitel „Arbeit" erläutert sind, werden in den USA nicht überall eingesetzt, sind aber rechtmäßig. Den größeren Nutzen haben die Arbeitgeber.

Die Bewerbung

„Nach den schriftlichen Bewerbungen, die ich auf Annoncen der Zeitung sowie dem Internet einreichte, dauerte es wochenlang, bis ich von den Unternehmen hörte. Nach dem Telefoninterview wurde mir mitgeteilt, ob ich in die engere Bewerberauswahl komme.

Zeitgleich meldeten sich andere Firmen, die durch einen Headhunter an mich gelangt waren. Der Headhunter hatte sich meine Daten wohl aus dem Internet gefischt."

Am Ende war Udos Jobsuche von Erfolg gekrönt. Die neue Stelle in einem deutschen Großunternehmen mit Sitz in Greenville ist das, was er sich vorstellte.

„Wenn ich meine damalige Arbeit mit dem jetzigen Job vergleiche, ist das ein Unterschied wie Tag und Nacht. Ich würde Einwanderern raten, sich während der Jobsuche bei Großunternehmen umzusehen. Auch die Zusatzleistungen, die der Arbeitnehmer über den Arbeitgeber bekommt, sind deutlich besser als das Angebot der kleinen Firmen." So können Einwanderer bei großen Firmen mit mehr Urlaubstagen und geregelten Arbeitszeiten rechnen.

Auswanderer berichten

Der Bibel-Gürtel

Die Regensburgers leben im Bundesstaat South Carolina, welcher zum sogenannten Bibel-Gürtel (bible-belt) von Amerika zählt. Menschen aus Ortschaft und Umgebung sind mit veralteten und stark religiösen Bräuchen und Gewohnheiten aufgewachsen. Sie geben diese Traditionen auch heute noch an die Nachkommen weiter. 48 Kirchen – darunter auch eine der Scientologen - befinden sich im Ort Greenwood, die 22.000 Einwohner gehen nicht nur an den Wochenenden regelmäßig beten.

Im Sommer zieht die Familie um

Udo, Monique und Megan freuen sich auf den bevorstehenden Sommer. Sie werden nach Greenville ziehen, damit Udos Fahrt zum Arbeitsplatz weniger Zeit in Anspruch nimmt.

„Greenwood ist klein und altbacken, Greenville lädt hingegen zum Shoppen und Leben ein. Wir sehnen uns nach langen Einkäufen und einer belebteren Stadt und können es kaum erwarten", sagt Monique Regensburger.

Das amerikanische Essen ist gefährlich

„Die dickeren Menschen sind auch die ärmeren Menschen! Warum? Im günstigen Essen wie dem Fast Food ist High Fructose Corn Syrup enthalten." High Fructose Corn Syrup ist Mais-Sirup.

Monique ist gelernte umwelttechnische Assistentin und war schockiert, dass dieses Süßungsmittel in so vielen Produkten enthalten ist.

„Die gehobene Gesellschaft geht in schicken Restaurants essen, da gibt es frische und gesunde Produkte. Klar, dass diese Leute schlanker sind als Menschen, denen das Geld für diese gesunden Mahlzeiten fehlt. Denn das gesunde Essen ist viel teurer als der Burger um die Ecke!"

Familie Regensburger erlebte nach ihrer Einreise in die USA Höhen und Tiefen, ist mittlerweile in ihrem neuen Leben angekommen und fühlt sich pudelwohl. Neben dem Stellenangebot einer US-Firma – wie Udo Regensburger es erhielt – gibt es eine weitere Variante, die ersehnte langfristige Aufenthaltsgenehmigung für das Traumland zu bekommen.

Mais-Sirup

Mais-Sirup (Corn Syrup) besteht aus Glukose und einem hohen Anteil an Fruktose. Fruktose wird immer insulinunabhängig verstoffwechselt. Insulin jedoch ist für den Körper notwendig, da es den Menschen veranlasst, ein Sättigungsgefühl zu empfinden. Ohne Insulin kein Völlegefühl. Fruktose erhöht außerdem die Fettsynthese. Beide Faktoren gemeinsam bedingen demnach Übergewicht.

Ernährungsexperten nehmen an, dass der Glukose-Fruktose-Sirup eine der Ursachen für die häufig auftretende Diabetes in Amerika ist.

Auswanderer berichten

Esther mit Ihren Kindern Sami, Joni, Davin und Benji (von links nach rechts).

⚡ Familie Nio

Familie Nio wagte nach langer und intensiver Planung den Weg in die Selbstständigkeit. Wonach deutsche Einwanderer oder Touristen vergebens in den Supermärkten suchten, brachte die Familie auf den US-Markt: Mit einer eigenen Bäckerei sollte das gute deutsche Brot - Vollkorn oder Weizen – in Amerika ab sofort nicht mehr fehlen.

Mit ihren zwei Bäckereifilialen erfüllten sich Esther und Robert aus Deutschland einen Traum. Die Großfamilie lebt in Kalifornien und bietet Amerikanern neben deutschem Brot auch andere leckere Weizen- und Kornprodukte.

„Wir sind eine große Familie. Robert (43), Esther (43), Sami (13), Benji (11), David (9) und Joni (6). Vor zwölf Jahren sind wir über ein Arbeitsvisum meines Mannes hergekommen.

Lange hegten wir den Gedanken einer Selbstständigkeit. Seit fünf Jahren betreiben wir die Bäckerei Esther's German Bakery. Mit zwei Filialen in Los Altos und Mountain View haben wir geschafft, was wir uns erträumt haben. Wir arbeiten und leben in den USA. Ohne einen Vorgesetzten und mit viel Freude", erzählt Esther Nio.

Ihr habt Deutschland hinter Euch gelassen. Was waren Eure Gründe?

Esther: Unsere Gründe waren einfach, für uns jedoch wichtig: die Liebe zu anderen Kulturen und Ländern sowie unsere gemeinsame Abenteuerlust.

Wie ist die Idee entstanden, in die USA einzuwandern und warum sollte es Amerika sein?

Esther: Ich habe in Amerika gelebt, als ich 24 Jahre alt war, da ich Verwandte in New York habe. Robert liebte Amerika immer schon. Unsere Einwanderung in die Staaten war sorgfältig und langfristig geplant. Robert startete ein Arbeitsverhältnis in Deutschland bei einem amerikanischen Unternehmen.

Warum seid Ihr genau in diesen Teil Amerikas ausgewandert?

Esther: Die amerikanische Firma meines Mannes versetzte Robert zum Unternehmenssitz nach Palo Alto in Kalifornien. Es hat uns prima erwischt. Das Wetter ist ideal, die Landschaft ist wunderschön, nur teuer ist es in Kalifornien.

Auswanderer berichten

Wie können sich Einwanderungswillige auf die Staaten vorbereiten?

Esther: Die amerikanische Botschaft in Deutschland war hilfreich. Ich erfuhr alles zu meinen Fragen, die sich um das richtige Visum, Arbeitspolitik und Steuerrecht drehten.

Was ist mit Eurem Haushalt in Deutschland passiert?

Esther: Wir haben Möbel verkauft und mitgenommen. Dank des amerikanischen Arbeitgebers konnten wir über eine Seefracht Inventar herkommen lassen. Ein Speditionsunternehmen kümmerte sich um den Ablauf.

Mit welchem Visum seid Ihr eingereist?

Esther: Wir sind mit einem Arbeitsvisum über die Firma meines Mannes hergekommen. Daraufhin haben wir die Greencard beantragt. Ein Anwalt half uns, da die Beantragung ein langer Prozess ist. Fünf Jahre später erhielten wir die Greencard und bereuten es nicht, die Warterei auf uns genommen zu haben.

Gab es Probleme, ohne eine finanzielle Vergangenheit (Credit History) einen Kredit aufzunehmen und dem Vermieter damit zu versichern, dass Ihr finanziell vertrauenswürdig seid?

Esther: Diese Probleme hatten wir tatsächlich. Banken wollen eine Kreditkarte sehen, ehe sie Dir ein neues Konto eröffnen. Vermieter möchten wissen, ob der Mieter regelmäßig die Miete zahlen kann. Ohne einen Beweis der Zahlungsfähigkeit gibt es Schwierigkeiten. Eine Bankkarte ist immer ein Vertrauensbeweis für den Geschäftspartner.

Bereitete Euch die Anmeldung von Telefon, Strom und Fernsehen Probleme?

Esther: Die Anmeldung von Fernsehen und Telefon in Amerika ist ein Kinderspiel. Unternehmen beraten kostenlos und umfangreich über eine 0800-Hotline. Bei dem Telefonat wird die komplette Einrichtung geregelt, sodass der Gang zur Dienststelle entfällt.

Wie ist die medizinische Versorgung im Land?

Esther: Das Gesundheitssystem ist schlecht, sollte der Kranke keinen Job und kein Geld haben. Denn dann kann der sich den Besuch nicht leisten. Arme Amerikaner sparen an der Krankenversicherung. Für uns ist die medizinische Betreuung allerdings ausgezeichnet. Es hängt vom Versicherungsplan ab, den der Arbeitgeber dem Angestellten anbietet. Umso mehr ein Gesundheitsplan der Versicherung kostet, desto besser ist die Versorgung durch gute Ärzte.

Habt Ihr in den USA schnell Kontakt knüpfen können?

Esther: Kontakte zu knüpfen war schwer. Erst als die Kinder sich durch den Kindergarten oder die Public School in bestehende soziale

Auswanderer berichten

Gruppen integrieren konnten, kamen Freunde und Kontakte einher. Über Roberts Arbeitsstelle lernen wir nach und nach ebenfalls nette Menschen kennen.

Wie lernen Einwanderer in den Staaten neue Menschen kennen?

Esther: Einwanderer sollten aktiv am amerikanischen Leben teilnehmen, indem Sie Sprach- oder Tanzkurse besuchen. Ein Volontariat beim Radio oder einer lokalen Fernsehstation ist optimal, um Amerika in vollem Umfang intensiv kennenzulernen.

Erzähl von den Kindern, sind sie glücklich?

Esther: Unsere Kinder leben auf und lieben Kalifornien. Integrationsprobleme kennen die gar nicht. Sie haben schnell Englisch gelernt, was die guten kalifornischen Public Schools unterstützt haben. So ganz können die Kinder allerdings nicht auf Deutschland verzichten. Nutella lieben sie immer noch!

Ist Amerika auch außerhalb der Schulen so den Kindern zugetan?

Esther: Definitiv sind die Amerikaner überaus kinderfreundlich. Denke ich an Deutschland zurück, kann ich nicht aufhören, zu schimpfen. In Deutschland erinnere ich mich sofort an die Unfreundlichkeit, die Deutsche mir und meiner Familie entgegenbrachten. Ich bin ständig übel als Asoziale beschimpft worden. In den USA hingegen sprechen mich fremde Menschen an und gratulieren zu der netten Großfamilie

Wenn ihr schon im Land der vielfältigsten Natur lebt, wo macht Ihr noch Urlaub?

Esther: Wir fahren viel nach Mexiko – Mexiko ist nicht weit weg und wunderschön.

Glaubt Ihr, dass sich durch den Präsidenten Barack Obama in den USA etwas ändert?

Esther: Wir konnten die Wahlen sehr gut mitverfolgen. Es stimmt, alle Amerikaner sind voller Hoffnung. Meine Angst ist die hohe Erwartungshaltung der Menschen, denen Obama nicht schnell genug gerecht werden kann.

Vereint die Stärken von Amerika mit denen Deutschlands. Wie würde das optimale Land aussehen?

Esther: Dann würde ich die öffentlichen Verkehrsmittel und die effizienten Autos aus Deutschland mit der Kundenfreundlichkeit und dem stresslosen, ruhigen Schönwetter-Alltag der Amerikaner vereinen.

Wo seht Ihr Euch im nächsten Jahr?

Esther: Right here – am allerschönsten Platz der Welt.

Erste Schritte

Der Start in Amerika

Sie sind angekommen. Im Land Ihrer Träume. Alles ist neu, alles ist anders, alles ist aufregend!

Um sich im Land der Tellerwäscher und Millionäre zurechtzufinden, benötigen Sie neben diesem Ratgeber als erstes die Social Security Card und danach eine Bleibe. Der Bankbesuch steht aus und ein passabler Ersatz für das daheimgebliebene Auto muss her.

❧ Die Social Security Number

Jede in Amerika lebende Person - ob Staatsbürger oder zugezogener Ausländer mit Aufenthaltsgenehmigung - fällt unter den Social Security Act und hat damit das Recht auf eine Social Security Card - siehe Kapitel „Altersversorgung". Auf der Karte ist Ihre Identität anhand einer neunstelligen Nummer aufgedruckt. Die Social Security Number wird gerne in SS# und SSN abgekürzt.

Sie können sich mit dem Dokument offiziell auf einen Arbeitsplatz bewerben, ein Auto leasen oder nötige Versicherungen abschließen.

Bis Sie als Antragsteller die Social Security Card erhalten, können zwei Wochen vergehen.

Die Social Security Administration verzeichnet anhand der Nummer auch Ihr Einkommen und alle Abgaben in den USA, um den späteren Rentenanspruch daraus zu ermitteln.

Der Antrag für eine Social Security Card

Der Antrag für die SSN wird persönlich im örtlichen Büro der Social Security (Social Security Office) gestellt. Ehepartner und Kind müssen parallel einen eigenen Antrag stellen.

In Ihre Handtasche gehören am Tag des Antrages der Reisepass (inklusive Ihrem Visum) und ein Stift (der Behörde mangelt es an Kulis!).

Den Antrag für die Social Security Card stellen Sie in dem örtlichen Büro der Social Security, dem Social Security Office.

Der Social Security Act

Um Massenarbeitslosigkeit und -armut zu lindern, führte der 32. US-Präsident Franklin D. Roosevelt im August 1935 die bundesweite Arbeitslosen- und Rentenversicherung ein. Kaum ein weiteres Gesetz wie dieses der sozialen Sicherheit (Social Security Act) wurde seither öfter erweitert, um dem Sicherheitsbedürfnis der USA-Bürger Rechnung zu tragen. Durch die Einrichtung dieses Gesetzes haben heute neun von zehn Amerikanern Anspruch auf staatliche Rentenzahlungen.

Der Start in Amerika

Da Sie als Ausländer den Beweis des legalen
Aufenthalts in den USA erbringen müssen,
nehmen Sie den eventuell schon vorhandenen
Arbeitsvertrag (employee letteroder –ausweis
(employer ID card) mit.

Bringen Sie besser alle Originale oder beglau-
bigte Kopien mit zur Behörde, denn je nach
Bundesstaat und Laune des Angestellten werden einfache Kopien nicht anerkannt.

Missbrauch der SSN-Nummer

Wenn die SSN in falsche Hände gerät, kann
ein Fremder unter anderem Kredite auf Ihren
Namen aufnehmen. Ein für ihn leichtes Spiel,
das für Sie die reinste Hölle wäre.

Behörden, Banken und Versicherungen werden
Sie nach Ihrer SSN-Nummer fragen. Das täg-
liche Geschäft verlangt eine Überprüfung Ihrer
Person und bei diesen Institutionen ist es in
Ordnung. Darüber hinaus sollten Sie die Nummer nicht weitergeben. Werfen Sie Dokumente,
auf denen die Nummer ersichtlich ist, niemals
in den Papiercontainer, erst recht nicht in den
Mülleimer des Supermarktes.

Verstauen Sie das Dokument an einem sicheren
Platz. Für den Fall des Verlustes ist es hilfreich,
die Nummer bei Zeit und Muße auswendig zu
wissen.

⁓ Wohnen in Amerika

Es gibt einige Optionen, nach einer vernünfti-
gen Unterkunft zu suchen, nachdem oder bevor
Sie Deutschland verlassen.

Dass Arbeitnehmer ins gemachte Bett hüpfen,
nachdem sie in Amerika ankommen, ist selten
bis unwahrscheinlich. Der US-Arbeitgeber
muss schon äußerst nett sein, Ihnen eine Wohnung oder ein Haus zu stellen.

Der Großteil aller Einwanderer muss sich und
der Familie ein Nest suchen. Die Organisation
von Deutschland aus wird kompliziert, Sie
haben weder die Gegend eines Miet-/Kaufob-
jektes gesehen, noch wissen Sie, in welchem
Zustand es sich tatsächlich befindet. Ein
persönlicher Eindruck ist wichtig. Sonst kann
die Wohnungssuche in bitterer Enttäuschung
enden.

Das Hotel für die ersten Tage in Amerika

Sie haben keine Bekannten oder Verwandten in
Amerika?

Mieten Sie sich für die erste Zeit im neuen
Land noch von Deutschland aus ein Hotel-
zimmer oder Appartement, günstigerweise in
der Nähe des neuen Arbeitsplatzes, um lange
Fahrtstrecken zu vermeiden.

Der Start in Amerika

Hotels wie Motels finden Sie in den USA wie Sand am Meer. In allen Preiskategorien und Ausführungen. Günstigste Hotels liegen nicht selten nahe gefährlicher Gegenden, den sogenannten Slums. Slums gibt es in den USA recht häufig.

Suchen Sie sich demnach nicht das billigste Hotel aus, Sie würden am falschen Ende sparen. Es können Wochen und Monate ins Land ziehen bis Sie ein Mietobjekt für sich und die Familie gefunden oder sich für ein Haus entschieden haben.

Hotels und Motels mit Bewertung

Einen Überblick über alle Hotels und Motels im Land finden Sie am schnellsten bei Besuch der Internetseite www.sellpage.de/hotel/index.html. Neben Unterkünften finden Sie interessanterweise Bewertungen von ehemaligen Gästen und Preise für die Übernachtung. Sogar auf Deutsch!

Möchten Sie mehr über einen bestimmten US-Appartementkomplex wissen, erhalten Sie Kommentare und nützliche Hinweise von Vormietern unter www.aptratings.com.

Lagerräume für Ihren Hausrat

Wohin mit Ihren Möbeln, die Sie von zu Hause mitgebracht haben? Die können Sie schlecht in der Übergangszeit mit ins Hotel nehmen.

Zu sehr günstigen Preisen können kleine und große Container temporär in jeder Stadt der USA gemietet werden. Überall finden sich Lagerräume (storage), in denen Sie Habseligkeiten unterbringen können.

Die Art der Unterbringung auf Zeit (self-storage) hat sich in den vergangenen Jahren mit über 50.000 im Land verbreiteten Self-Storage-Möglichkeiten in den American Way of Life gefügt.

Wohnungssuche vor Ort

Auch heute zählt die Zeitung (Newspaper) zum typischen Weg, ein Wohnobjekt anzubieten oder zu suchen. In Amerika angekommen, müssen Sie in Ruhe örtliche Tageszeitungen und Lokalblätter nach Anzeigen für Wohnungen und Häuser durchsuchen. Am Samstag und Sonntag lassen sich die besten Angebote darin finden.

Amerikanische Abkürzungen

Wissen Sie, was flrs sind und wofür 3/1 steht? Bei der Wohnungssuche kann es schwierig werden, sollten Sie keinen Amerikaner zur Seite haben. Ein Einheimischer kann die im Internet oder der Zeitung verwendeten Hieroglyphen für Sie entziffert. Erklärungen der Kürzel und Begrifflichkeiten - in der nachfolgenden Tabelle - werden da Abhilfe schaffen:

Der Start in Amerika

Angaben	Bedeutung
uptown, suburb	Vorort, Nebenort
downtown, inner city	Stadtmitte, Zentrum, Innenstadt
3/1	in diesem Fall 3 Zimmer und 1 Bad
House	freistehendes Einfamilienhaus
t/house (townhouse)	Reihenhaus
flat, apartment oder unit	Wohnung, Wohneinheit
studio, bachelor, efficiency	1-Zimmer-Appartement mit integrierter Küche und kleinem Bad
tle flrs (tile floors)	Bodenfliesen
cent A /C (central Air Conditioning)	Klimaanlage
pets, no pets	Haustiere erlaubt/nicht erlaubt
utilities included	Nebenkosten eingeschlossen
mtly	monatlich
yrly	jährlich
ph	Telefonnummer
furnished	möbliert
laminate	Laminat
wooden, wood	Holz
square feet	Wohnungsgröße (x 0,3048 ergeben die bekannten Quadratmeter)
1st floor, ground floor	Erdgeschosswohnung

Angaben	Bedeutung
kitchenette	Küchenecke
storage room	Abstellkammer
fridge	Kühlschrank
ceiling fan	Deckenventilator
beach/oceanfront	an der Meeresküste
ocean access	Am Kanal mit Zugang zum Meer
waterfront	am Teich, am Kanal ohne Ausgang auf den Wasserweg
carport	Überdachter Außenparkplatz
underground parking	Tiefgaragenstellplatz

Open-House-Besichtigung

Nachdem Sie sich in ein Hotel einquartiert haben, sollten Sie Ihre Augen offenhalten. Vermieter und Verkäufer bieten - statt den Weg über die Zeitungsanzeige zu wählen – eine spontane Besichtigung des Objektes an.

Auf der Grünfläche vor dem Objekt prangt ein Schild mit den Worten „Open House", das vorbeifahrenden Autofahrern stark auffällt. Wenn Sie im Vorbeifahren ein solches Schild bemerken, können Sie sich sofort im Objekt umschauen, sofern Sie interessiert sind. Sehen Sie im Ort nach links und rechts und schauen Sie nach solchen Schildern, auf denen Worte wie Open House oder For Sale prangen.

Populäre Hilfen zur Wohnungssuche

Möblierte Wohnungen und Appartements finden Sie unter den wohl populärsten Internetadressen der USA: www.craigslist.org und www.apartment.com. Beide Adressen bieten Ihnen jede Art von Unterkunft in jeder möglichen Stadt. Wenn Sie auf Wohnungssuche sind, vergessen Sie nicht, parallel die Social Security Card zu beantragen. Ein Vermieter kann danach fragen, sollte er Ihnen die Traumwohnung überlassen und Ihre Aufenthaltserlaubnis anzweifeln.

Der Start in Amerika

Einen Makler engagieren

Wenn Ihnen eine Haus- oder Wohnungssuche neben der Vollzeitarbeit lästig ist, sollten Sie einen Makler (accommodation broker) kontaktieren. Ein Makler kann Ihnen weiterhelfen, da er sich wahrscheinlich besser im Ort und mit Wohnobjekten auskennt als Sie. Die Maklergebühren werden in der Regel vom Vermieter des Objektes übernommen.

Mietpreisfaktoren

Entscheiden Sie sich für ein Mietobjekt, bestimmen drei Faktoren den US-Mietpreis. Die Lage (location), die Nähe zu einer öffentlichen Schule (public school) und die in dem Ort gemessene Verbrechensrate (crime rate).

Mietvertrag

Einen Mietvertrag abzuschließen ist in Amerika unbürokratischer als in Deutschland. Verträge, die Sie erst nach sechs Monaten aus der Mietwohnung entlassen, sind nicht die Regel. Der Kündigungsschutz ist in Amerika lockerer geregelt.

Mietverträge werden als „month-to-month agreements" bezeichnet: Mit den Monat-zu-Monat-Verträgen stellen sich Wohnungsgesellschaften auf den flexiblen Arbeitsmarkt und die Mobilität der Menschen ein. Sie dürfen Ende des Monats ausziehen, wenn Ihnen die Wohnung nicht mehr passt oder Sie berufsbedingt umziehen müssen.

Kautionen bewegen sich nicht in dem Preisrahmen, den die Deutschen bei Vermietungen veranschlagen. Gehen Sie von einer Monatsmiete aus.

Zeitverträge

Neben month-to-month agreements können in den USA auch zeitlich befristete Verträge abgeschlossen werden. Eine Zeitspanne beläuft sich meist auf ein Jahr. Möchten Sie eher aus dem Vertrag aussteigen, können Sie für einen geeigneten Nachmieter sorgen, um die Einnahmen des Vermieters (landlord) zu sichern.

Ein Amerikaner ist bemüht, die Vermietung von Objekten für beide Parteien einfach zu gestalten.

Strom

Im Vergleich zu den europäischen Staaten sind die Stromkosten in den USA niedrig. Sie werden in vielen Regionen des Landes zahlreiche Stromanbieter (energy services companies) finden, gleiches gilt für den Gasanbieter (gas company). Ein Angebotsvergleich lohnt sich.

Der Start in Amerika

Als Mieter kümmern Sie sich selbst um Strom- und/oder Gasanschluss, Ihr Vermieter oder Hausverwalter wird Ihnen sagen, bei welcher Behörde Sie sich melden müssen.

Strom und Gas werden monatlich mit Scheck gezahlt. Sehr viel öfter als in Deutschland können Sie wegen des veralteten und überlasteten Stromversorgungsnetzes der USA mit einem Stromausfall rechnen.

Mülltrennung

Als Hausbewohner in Deutschland werden Sie sich bestens auf Mülltrennung (waste separation) verstehen. In Amerika hat dieses System noch nicht überall Einzug gefunden, viele Gegenden verstehen sich jedoch auf Mülltrennung und es werden immer mehr.

Je nach Unterkunft sind Sie verpflichtet, Mülltonnen für Papier, Glas, Verpackungen und Bio-Müll auf eigene Kosten zu besorgen und aufzustellen.

Wohnkomplexe - Communities

Sogenannte „Gated Communities" (geschützter Wohnkomplex) sind saubere und sichere Wohnanlagen. Für gewöhnlich wohnen dort Menschen aus der Mittel- und Oberschicht. Ihr Haus oder die Wohnung befindet sich in einer Wohnsiedlung, in der Sicherheitsbeamte nach dem Rechten sehen.

Die Gated Communities können Wohnsiedlungen in allen Größenordnungen sein. Große Communities bilden nahezu eine Kleinstadt, die neben Pool, Kinderspielplatz und Fitnessraum mit Schulen, Einkaufszentren, Kino und großen Sportplätzen ausgestattet sind.

Kleine Gated Communities bieten hingegen „nur" zwei Schwimmbecken (Pools), einen Fitnessraum, Tennisplätze, Spielplätze und Veranstaltungsräume für Feiern und Versammlungen an.

Vergleichbare Wohnkomplexe gibt es in Deutschland nicht, höchstens die Arcadia-Anlage in Potsdam vermittelt einen Eindruck darüber, was Sie in einer Gated Community erwartet.

Die Regeln einer Gated Community sind strikt. In den Kauf- und Mietverträgen finden Sie Anweisungen, wie Sie den Garten zu pflegen und Ihren Hund auszuführen haben. Sollten Sie sich nicht daran halten, fliegen Sie als Mieter aus der Siedlung.

Apartment Communities

„Apartment Communities" (Siedlung mit kleineren Wohnungsobjekten) sind gewöhnliche und kleinere Wohnkomplexe. Zur Ausstattung gehören ein Pool und ein Fitnessraum, die von allen Mietern genutzt werden dürfen.

Der Start in Amerika

In sommerlichen Gegenden der USA gehört ein Pool im Übrigen immer zur Grundausstattung eines Hauses.

Adult Communities

In „Adult Communities" (Erwachsenenwohnanlage) sind Familien tabu. In diesen Siedlungen können sich alle Menschen ohne Kinder niederlassen. Die Ausstattung ist ähnlich der Ausstattung einer Gated Community.

Retirement Communities

Die „Retirement Communities" (Wohnsiedlung für Menschen im Ruhestand) sind bei Rentnern sehr beliebt, da sie dort Ruhe finden und Gleichgesinnte finden. Neben Rentnern finden Behinderte einen Platz und den Service, der ihnen gerecht wird.

Die Straßen einer Gated Community werden täglich gesäubert und ein Gärtner sorgt dafür, dass Bäume und Pflanzen akkurat geschnitten bleiben.

❧ Schöner Wohnen

Zur Ausstattung Ihrer künftigen Residenz gehören im Süden des Landes kleine Geckos. Diese Reptilientiere klettern gerne im Sauseschritt die Wände hoch und schauen Ihnen auf dem Balkon über die Schulter. Selten wagen sich die ungefährlichen Krabbler ins Haus.

Sehen Sie zu, dass neben den Geckos weitere Ausstattungsmerkmale vorhanden sind. Zudem gebe ich Ihnen Tipps und Ideen für das schönere Wohnen.

Klimaanlage und Heizung

Eine Klimaanlage (Air Conditioning) ist normalerweise zumindest im Süden des Landes im Mietvertrag eingeschlossen, im Nordosten ist es die Heizung - überprüfen Sie das unbedingt.

Slums

Ein Slum ist ein verwahrloster Stadtteil, in dem arme Menschen des Landes leben. In Amerika sind diese randstädtischen Elendsviertel bekannt für Schlägerei, Schießerei und Überfälle. Charakteristisch für Slums sind die heruntergekommenen Häuser oder die zweifelhaften Absteigen sowie fehlende Müllbeseitigung oder mangelnde Verkehrsanbindung.

Der Start in Amerika

Telefon- und Fernsehverbindung

Ihr Vermieter kann Ihnen die Kontaktdaten der Unternehmen nennen, die für die Freischaltung des Telefonanschlusses in Frage kommen. Gleiches gilt für den Fernsehanschluss.

Dienstleister wie die Unternehmen *Time Warner Cable* und *Earthlink* bieten erschwingliche Kombinationspakete an, in denen Sie Telefon, Fernsehen und Internet unter einen Hut bekommen. Alle Kosten sollten Ihrem Telefon- und Internetverhalten individuell angepasst werden.

Bücher

Das Angebot an deutschsprachigen Büchern in den USA lässt zu wünschen übrig. Vereinzelt finden Sie Bücherketten, die wenig deutsche Literatur verkaufen (zum Beispiel *Books a Million*).

Wenn Sie nicht auf deutschsprachige Lektüre verzichten wollen, lassen Sie bestellte Bücher besser an eine deutsche Adresse von Bekannten schicken. Die können Ihnen die guten Stücke per Seefracht zukommen lassen, was preiswerter ist als der Versand in die USA. Oder sie bringen sie Ihnen beim nächsten Besuch mit.

Nachrichten aus aller Welt

Die amerikanische Presse berichtet mehr schlecht als recht über Geschehen aus Europa, da sie lokal und inländisch fokussiert ist.

Die Möglichkeit, über Deutschland und den Rest der Welt informiert zu bleiben, bietet sich preisgünstig über das Internet.

Deutsche Zeitschriftenverlage bieten Auslandabonnements an, die jedoch ihren Preis haben, da der Versand nach Amerika teuer ist.

Fragen Sie in den USA im Zeitungshandel Ihres Ortes nach, wenn Sie Lust auf deutsche Nachrichtenmagazine haben. Manchmal besteht die Möglichkeit, über Zwischenhändler, daranzukommen.

Wie im Kapitel „Kulturelles" erwähnt, werden Sie auch über zwei Internetadressen zum Thema deutsche Produkte und Zeitungen fündig

Deutschsprachiges Fernsehen

Nach wenigen Wochen werden Sie nach einer Alternative zur grauenhaften örtlichen Fernsehwerbung in Amerika suchen. Deutsche Sender werden kaum ins Netz gespeist, wenige US-Telekommunikationsunternehmen wie zum Beispiel *Dish Network* bieten deutschsprachige Sender an.

Der Start in Amerika

In amerikanischen Videotheken finden Sie nur wenige deutschsprachige Filme, die nicht einmal aktuell sind.

Das Internet wird – wie so oft – zum Retter in der Not! Dort sind bekannte deutsche Fernseh- und Nachrichtensender kostenlos online abrufbar. Der Service kostet Sie lediglich die Fernsehgebühr (in der die Internetleitung inklusive ist).

Die Internetseite www.onlinetvrecorder.com bietet zur Freude vieler Auswanderer deutsche Fernsehfavoriten kostenlos zum Herunterladen an.

Die Telefonkarte

Der Festnetzanschluss oder Mobiltelefonvertrag wird aus Erfahrung später nach Ihrer Einreise abgeschlossen. Sie benötigen auf die Schnelle eine US-Telefonkarte.

Eine Telefonkarte für ein Mobiltelefon bietet Ihnen nicht nur den Überblick über Ihr Telefonverhalten, sondern sichert Ihre telefonische Erreichbarkeit für Anbieter und Arbeitskollegen, wenn Sie sich nach einer Stelle oder einem Haus umgesehen haben.

Eine amerikanische Telefonkarte ist preisgünstig und in verschiedenen Guthaben-Varianten erhältlich. Sie finden die Karten an Supermarktkassen oder in Zeitschriftenläden.

Anrufe nach Deutschland tätigen Sie idealerweise über die moderne Internettelefonie. Ein Instant Messenger Client (Skype, MSN Messenger) bietet Ihnen die Möglichkeiten, kostenlos nach Hause zu telefonieren. Daheimgebliebene ohne Internetanschluss können Sie sogar für wenige Euro-Cent auf der Festnetznummer anwählen (unter anderem über Skype).

Junk-Mail statt Liebesbriefe

Wenn US-Kreditunternehmen Ihr neues Zuhause spitzbekommen haben, werden die Sie mit Werbung bombardieren. Jeden Tag habe ich mich auf Briefe aus Deutschland gefreut, doch der Briefkasten war stattdessen mit Kreditangeboten überfüllt.

Diese lästige Werbung können Sie unter der Nummer 1-888-5 OPT OUT (1-888-567-8688) selbst stoppen, indem Sie Ihre Daten aus der Adressatenliste entfernen lassen.

Paketversand

Schicken Sie das Päckchen mit original amerikanischen Süßwaren (Candy) mindestens sechs Wochen vorher los, bevor es Freunde und Familie erreichen soll. Für die Versendung aus

Der Start in Amerika

Amerika sind die sogenannten Economy Parcel und Economy Letter die günstigsten Methoden, Pakete und Briefe zu verschicken.

Elektronische Geräte

Ich muss draußen bleiben. Gut, ihr Hund darf mit in die Staaten. Bei einigen elektronischen Kleingeräten macht der Transport allerdings keinen Sinn, da sie in Deutschland eine andere Netzspannung haben als in Amerika üblich ist.

In Amerika beträgt die Netzspannung 110 Volt, die Netzspannung des Föhns beträgt hingegen 220/230 Volt. Das Gerät ist für amerikanische Steckdosen nicht konstruiert.

Der Hummer ist ein typisch amerikanischer Geländewagen, der seine Popularität vor allem der US-Prominenz verdankt. Auch der Gouverneur von Kalifornien, Arnold Schwarzenegger, fährt dieses Auto mit Leidenschaft..

Fragen Sie in US-Elektroläden (zum Beispiel *Radio Shack*) nach einem Adapter, der Ihnen die Nutzung Ihres Laptops in der Wohnung möglich macht.

Antikes Mobiliar

Antiquitätenliebhaber gibt es auch in Amerika, wenn auch die Häuser und Appartements eher nach modernem Baustil errichtet sind. Fehlt Ihnen noch ein gutes altes Stück, habe ich einen Tipp für Sie: Die Stadt Rockford im Bundesstaat Illinois bietet Interessenten große Antik-Einkaufszentren und ist mehrmals im Jahr Veranstaltungsort großer Antikmärkte. Rockford liegt mit dem Auto eine Stunde von Chicago Downtown entfernt.

⚡ Der Autokauf

Wie jedes Auto hat auch mein neuer Nissan Maxima Macken. Schalte ich das normale Licht an, leuchtet das Fernlicht. Muss es repariert, ich mag nicht gleich von einem Cop angehalten werden, die sind hier überall. Frage mich allerdings, warum dann so viele Schrottkarren hier herumfahren.

Die Stadt ist groß, das Verkehrsnetz ist gut. Die Stadt ist klein, das Verkehrsnetz ist miserabel. Das ist eine pauschale Regel, die in den meisten Fällen auf alle amerikanischen Städte zutrifft.

Ohne Auto sind Sie in Amerika, besonders in kleineren Städten und ländlicheren Gebieten, aufgeschmissen. In den kleinen Ortschaften verkehren auch die Busse und Bahnen katastrophal oder gar nicht erst.

Der Start in Amerika

Um die sehr langen Wegstrecken nicht zu Fuß zurücklegen zu müssen, können Sie sich in Deutschland oder im Land der Träume angekommen nach einem passenden Autoanbieter umsehen.

Das Kelley Blue Book

Was dem Deutschen die Schwacke-Liste, ist dem Amerikaner das Kelley Blue Book. Das Kelley Blue Book wird Ihnen - wie die Schwacke-Liste - bei der Auto- und Lastwagensuche große Dienste erweisen. In der blauen Broschüre sehen Sie alle in Amerika verbreiteten Pkw-Typen mit nach Baujahr gestaffelten Gebrauchtpreisen aufgelistet. Die Broschüre können Sie im US-Buchhandel bekommen oder online unter www.kbb.com einsehen.

⅍ Der Autokauf in Amerika

Der fahrbare Untersatz muss her, da gibt es kein Pardon!

Zu den Grundkenntnissen der amerikanischen Fahrzeugführung gehört, dass Sie auf dem US-Automarkt selten ein Fahrzeug mit Gangschaltung finden werden - Amerikaner schwören seit Jahren auf Automatikschaltgetriebe.

Das zukünftige Auto muss eine Klimaanlage besitzen (Air Conditioning), außer dann, wenn Sie in Alaska leben (da brauchen Sie einen Schlitten und damit meine ich jetzt das Schneefahrzeug!).

Entweder Sie sehen sich im Internet bei Yahoo nach einem Auto von privat um und kümmern sich um den Besichtigungstermin - was nur empfehlenswert ist, wenn Sie sich mit Fahrzeugen auskennen - oder Sie setzen auf Sicherheit und gehen zu einem Kfz–Händler.

Die Tageszeitung

Die örtliche Tageszeitung, besonders die Sonntagsausgabe, lockt mit Angeboten und Aktionen für Neu- und Gebrauchtwagen. Neben Aushängen im Supermarkt finden Sie an Schwarzen Brettern Infozettel mit Händlerhinweisen und Listen zu Gebrauchtwagen.

Wenn Sie ein Auge auf ein ganz besonderes Fahrzeug geworfen haben, können Ihnen die Magazine einiger Spezialautohändler weiterhelfen wie zum Beispiel *The Corvette Trader*, *The Classic Car Trader*, *The Hot Rod Trader*, *The Truck and Van Trader* und *The Motorcycle Trader*.

Der freie Händler

Freie Autohändler (car dealer) gibt es in den USA genug, hier und dort tummeln sich die schwarzen Schafe.

Bei der Wahl des Autos dürfen Sie sich keinesfalls auf die markigen Worte des Händlers verlassen. Nehmen Sie zu einem Verkaufsgespräch den sachkundigen Bekannten mit, der testet, ob das Auto seinen Preis wert ist.

Der Start in Amerika

Freie Händler bieten gerne ältere Autos in weniger gutem Zustand und mit begrenzter Garantie an.

Der Hersteller-Händler

Ein Hersteller-Händler bietet Ihnen Sicherheit – nicht nur durch den Firmenamen – in Form einer Garantie. Gibt das Auto innerhalb der Garantiezeit den Geist auf, machen Sie die Garantieansprüche geltend.

Originalersatzteile erhalten Sie ebenfalls an Ort und Stelle. Der Hersteller-Händler kann Ihnen die komplette Kaufabwicklung plus Anmeldung des Fahrzeuges abnehmen.

Die Anmeldung bei der Kraftfahrzeug-Zulassungsstelle (Motor Vehicle Department) ist zeit- und nervenaufwändig und Sie sparen sich einen weiteren Behördengang.

Der Autokauf bei einer Privatperson

Privatverkäufer verkaufen Autos im fragwürdigen Zustand zum beliebigen Preis und ohne Garantie. In Florida erstand ich das Auto von einer Privatperson, gefunden hatte ich die Kontaktdaten über das Internet. Das Auto wurde vom Verkäufer höchstpersönlich am Verkaufstag poliert und glänzte bei der Übergabe wie neu. Drei Wochen später platzte der Benzinschlauch auf offener Straße. Entscheiden Sie sich für ein Auto einer Privatperson, so tun Sie das auf eigenes Risiko.

Der Title und die Autoanmeldung

Am Tag des Autokaufs sollten Sie nicht ohne ausgefüllte Besitzerurkunde (title) von dannen ziehen. Diese Besitzerurkunde erlaubt es Ihnen, das Auto nach dem Kauf offiziell auf Sie umschreiben zu lassen. Dazu müssen Sie mit dem Dokument zur Zulassungsstelle (Motor Vehicle Department). Von Bundesstaat zu Bundesstaat gestaltet sich die Anmeldung eines Autos jedoch unterschiedlich.

Neben der Abgabe des Titles, den Sie per Post nach der Überschreibung wieder zurückgesendet bekommen, erhalten Sie gegen Gebühr das neue Nummernschild (license plate). Es erklärt Ihr Auto als offiziell angemeldet.

Wollen Sie noch nicht wirklich direkt mit diesem Behördengang konfrontiert werden, so nehmen Sie den Anmeldeservice des Händlers in Anspruch. Dann erhalten Sie die Besitzurkunde und das Nummernschild bequem auf dem Postwege.

Einige Bundesstaaten verlangen bei der Anmeldung einen Autoversicherungsnachweis, den Sie vorher bei einer Kfz-Versicherung Ihres Vertrauens beantragen müssen.

Der Start in Amerika

❧ Die Autoversicherung

Endlich habe ich ein Auto, kann aber nicht damit fahren! Warum? Weil keine Autoversicherung meinen internationalen Führerschein anerkennt. Ich muss erst den floridanischen Führerschein machen.

Um offiziell mit dem Auto die Straßen Amerikas unsicher machen zu dürfen, benötigen Sie eine Autoversicherung. Wenige Versicherungsanbieter haben sich in den vergangenen Jahren einen guten Ruf erworben und zählen zu den größten und seriösesten Anbietern der Staaten, dazu zählen *GEICO*, *Allstate*, *Progressive* und *State Farm*.

Jede Autoversicherung prüft Ihre amerikanische Versicherungs-Historie - die es bei Ihrer Ankunft noch nicht gibt.

Bestenfalls können Sie nun die schriftliche Bestätigung Ihrer schadensfreien Jahre der alten Kfz-Versicherung in Deutschland aus der Tasche ziehen. Eine Bestätigung über ein punktefreies Konto bei der Flensburger Verkehrssünderkartei kann auch nützlich sein, die Höhe Ihrer Versicherungsprämie in den USA zu senken.

Ohne Vorlage aller Dokumente sollten Sie sich darauf einstellen, den Prämienhöchstsatz einer Autoversicherung zahlen zu müssen, ganz gleich, ob Sie ein guter Autofahrer sind oder sich dafür halten. Sind ein paar Jahre ins Land gezogen, nimmt der Versicherungsbetrag auch Kurs nach unten.

❧ Der Lemon-Check

Nach dem Fund Ihres zukünftigen Wagens sollten Sie zu Ihrer eigenen Sicherheit dessen Zustand checken, bevor Sie einen überhöhten Preis zahlen.

Mit Hilfe der Fahrgestellnummer (Vehicle Identification Number) können Sie bei einem Automarkt in der Nähe oder online unter www.carfax.com einen Lemon-Check (Nieten-Prüfung) durchführen. Bei einem Lemon-Check können Mängel wie manipulierte Kilometeranzeigen oder Angaben Ihres Autos als Unfallwagen zum Vorschein kommen.

Der amerikanische ADAC (AAA)

Die AAA (American Automobile Association) ist das amerikanische Pendant des deutschen ADAC und in ganz Amerika vertreten.

Geld sparen in Las Vegas

Sie denken, Geld sparen ist in Las Vegas kaum möglich? Falsch gedacht. Wenn Sie sich in der Nähe aufhalten, lohnt die Fahrt ins Spielerparadies. Zocker verkaufen oft das Auto, um Spielschulden zu begleichen. Sie können einen traumhaften Preis aushandeln, wenn Sie sich geschickt anstellen!

Der Start in Amerika

Da gibt es noch ein anderes Transportmittel, dass Sie kennen sollten: die Kabelstraßenbahn in San Francisco, Kalifornien. Seit Ende des 19. Jahrhunderts durchqueren Touristen und Einheimische damit die Stadt.

⚞ Fahr Bus und Bahn

Entweder Sie fliegen mit dem Flugzeug oder Sie nehmen Ihr Auto, um in den Staaten von Nord nach Ost zu kommen. Eine gleichwertige Alternative ist nicht vorhanden. Für Reisen in die Umgebung oder von einer in die nächste Großstadt bietet das nationale Zugunternehmen Amtrak Mobilität in Maßen. Amtrak ist allerdings nicht mit unserer Bahn in Deutschland vergleichbar, da sie nicht den gleichen Stellenwert hat.

Für eine Mitgliedschaft in dem Verein zahlen Sie eine Gebühr und erhalten damit jeden Service rund um das Fahrzeug gratis.

Angefangen beim Autokauf und der Pannenhilfe (Roadside Assistance), erhalten Sie kostenloses Kartenmaterial und unabhängige Beratung. Bei der Wahl der Autoversicherung kann Ihnen die AAA ebenso eine nützliche Hilfestellung sein. Ohne Mitgliedsstatus weigern sich die Mitarbeiter nicht, Ihr Fahrzeug zu überprüfen. Gegen eine Gebühr wird Ihnen ein Angestellter helfen und Ihnen sagen, ob das zukünftige Auto den Preis wert ist, den der Verkäufer verlangt.

Amtrak wird besonders für ausgezeichneten Komfort gelobt und ist empfehlenswert, wenn Sie nicht regelmäßig auf einen Transport angewiesen sind.
Amtrak fährt Sie mit der Bahn von Großstadt zu Großstadt - sauber und sicher.

Das bekannteste amerikanische Busunternehmen ist „Greyhound Lines".

Geheimtipp Routenplaner

Wenn Sie eine Amerika-Tour mit dem neuen Fahrgestell planen, lohnt sich ein Blick auf den Routenplaner der AAA, den Sie im Internet unter www.aaa.com finden. Dieser Routenplaner ist genau, einfach und umfassend - ein absoluter Geheimtipp für Menschen, die in Amerika durch die Lande fahren möchten.

Der Start in Amerika

Die Greyhound Lines sind nach einer Windhundrasse benannt, kann allerdings nicht mit der Geschwindigkeit und der Flexibilität der Rasse mithalten. Die Greyhound Lines mit Hauptsitz in Dallas transportieren Sie auch durch Kanada. Schauen Sie, ob der Greyhound auch da rennt, wo Sie sich aufhalten. Greyhound ist das größte Bus-Unternehmen in Amerika und befördert Touristen und Einwohner komfortabel durch das ganze Land.

❧ Ihr erstes Bankkonto

Ich bin eine Frau Anfang dreißig und Sie können sich vorstellen, dass all mein Geld in den USA für tolle Kleidung und modische Schuhe draufging - statt bei der Bank ein Sparkonto anzulegen.

Wie Sie in der ersten Zeit finanziell über die Runden kommen und wie der Ablauf der Eröffnung Ihres ersten Bankkontos ist, erkläre ich Ihnen. Nun gilt es, sich in den USA finanziell etwas aufzubauen.

❧ Banken in Amerika

Zwei Formen von Banken existieren in den USA. Die Commercial Bank (Geschäftsbank) und die Saving Bank (Sparkasse).

Während die Commercial Bank neben dem gewöhnlichen Bankservice weitere Finanzdienstleistungen anbietet, spezialisiert sich eine Saving Bank mehr auf langfristige Investitionen. Bei Ihrer Suche nach der richtigen Bank sollten Sie darauf achten, dass diese von der FDIC (Federal Deposit Insurance Corporation) abgedeckt ist. Diese staatliche Einrichtung deckt im Konkursfall der dort gelisteten Bank einen Teil der Einlagen ab, die Sie getätigt haben.

❧ Welche Bank soll es sein?

Viele unabhängige Banken locken mit günstigen Krediten, geringen Grundgebühren oder Zusatzleistungen. Bevor Sie sich für eine Bank entscheiden, sollten Sie sich von außerhalb beraten lassen und im Internet selbst informieren sowie Vergleiche zu anderen Banken ziehen.

Neben den mächtigen Banken wie der *Citycorp/Citibank*, der *Chase Manhattan Bank*, der *Bank of America*, der *J.P. Morgan* oder der *Wells Fargo* existieren viele rein lokale oder regionale Banken. Die Auswahl ist abhängig davon, ob Sie ein beständiges Zuhause gefunden haben oder es Sie in den kommenden Jahren in andere Orte von Amerika zieht. Bei einer der großen Banken mit Bankfilialen im ganzen Land sind Sie besser aufgehoben, wenn Sie flexibel sein müssen.

Was ist die FDIC?

Gegründet wurde die staatliche Einlagenversicherung FDIC (Federal Deposit Insurance Corporation) vor 75 Jahren, als die Banken im Zuge der Wirtschaftskrise Konkurs machten. Wie Sie im vergangenen Jahr sehen konnten, hat sich dieses Sicherheitsdenken im wahrsten Sinne des Wortes bezahlt gemacht. Auf der entsprechenden Internetseite können Sie nachsehen, welche Banken unter der FDIC abgedeckt sind: www.fdic.gov.

Der Start in Amerika

Viele amerikanische Banken bieten neben der normalen Kontoführung und dem Onlinebanking auch Leistungspakete für alle möglichen Versicherungen an. Durch die Automatisierung aller Bankdienstleistungen bieten Großbanken niedrigere Gebühren als die kleinen Anbieter. Brauchen Sie ein Bankkonto mit Basis-Diensten, sind Sie demnach mit einer großen Bank besser beraten.

⅜ Öffnungszeiten und Bankautomaten

Banken haben in der Regel wochentags von 9 bis 18 Uhr und samstags von 9 bis 12 Uhr geöffnet.

An den Filialen in Ihrer Stadt finden sich Bankautomaten (ATMs), an denen Sie Geld abheben oder Überweisungen vornehmen können. Wie in Deutschland können Kontoauszüge ausgedruckt werden, sollte Ihnen die passende Bettlektüre fehlen. Es wird anfangs zwar eher ein Thriller, aber machen Sie sich nichts daraus. Das ändert sich wieder.

⅜ Voraussetzungen für die Eröffnung Ihres ersten amerikanischen Bankkontos

Wenn Sie sich für eine Bank entschieden haben, werden Sie nun Ihr erstes eigenes Bankkonto in den Staaten eröffnen wollen. Bringen Sie zum Termin Ihren Ausweis (der neue Führerschein oder Reisepass mit gültiger

Arbeitserlaubnis), Ihre Adresse in den Staaten und sicherheitshalber die Social Security Card mit.

⅜ Giro- oder Sparkonto

Wählen Sie zwischen dem Girokonto (Checking/Current Account) oder einem Sparkonto (Savings Account) aus.

Im ersten Schritt genügt die Eröffnung eines Girokontos, über das alle Transaktionen der kommenden Zeit abgewickelt werden können. Darunter fallen zum Beispiel die Miet- oder Gehaltszahlung.

Das Girokonto erlaubt Ihnen, künftig Rechnungen per Scheck zu zahlen und Onlinebanking oder Telefonbanking betreiben zu können.

Ihr Girokonto und ein künftiges Sparkonto sollten Sie grundsätzlich bei derselben Bank führen, da Sie so gebührenfrei von einem zum anderen Konto transferieren können.

Girokonto

Zwei verschiedene Kontoarten eines amerikanischen Girokontos gibt es, eine müssen Sie auswählen.

Der Regular Account beansprucht ein Mindestguthaben, welches sich immer auf Ihrem Konto befinden muss. Sie zahlen keine monatlichen

Der Start in Amerika

Gebühren und keinerlei Gebühr für die Ausstellung von Schecks. Sollte das Guthaben einmal unter das vereinbarte Mindestguthaben fallen, müssen Sie mit einer Strafgebühr rechnen.

Der Special/Basic Account verlangt dem Kunden kein Mindestguthaben, dafür eine monatlichen Gebühr ab. Bei dieser speziellen Form des Kontos können Ihnen Transaktionen berechnet werden, die bei dem Regular Account nicht anfallen.

US-Debitkarten

Für Ihr erstes amerikanisches Girokonto erhalten Sie eine Debit Card. Die Debit Card wird auch gerne Check Card genannt.

Mit dieser Debit Card, die der EC-Karte in Deutschland weitestgehend entspricht, können Sie anhand der zugewiesenen PIN-Nummer unkompliziert Geld von einem Bankautomaten (ATM) abheben.

An Bankautomaten der eigenen Bank werden dafür keine Gebühren enthoben. An Automaten fremder Banken schwanken die Gebühren meist zwischen zwei bis vier US-Dollar.

US-Kreditkarten

Ein American Way of Life ist ohne das kleine Plastikkärtchen, der Kreditkarte, nicht gegeben. In Amerika ist es üblich, bei allen Einkäufen und allen Mahlzeiten mit der Kreditkarte zu zahlen.

Die meistgenutzten Kreditkarten in Amerika sind die Visa Card, Mastercard und die American Express Card.

Mit einer Kreditkarte können Sie - wie mit der Debit Card auch - an allen Bankautomaten Bargeld abholen. Die Nutzungsgebühr bei Einsatz der Kreditkarte ist teurer als die Gebühr bei Einsatz Ihrer Debit Karte.

Die Karte ist weg

Verlieren Sie Ihre Kreditkarte, können Sie kostenlos eine der folgenden Nummern anrufen, um diese sperren zu lassen:

» American Express: 1-800-528-4800
Mastercard: 1-800-826-2181
Visa: 1-800-847-2911

Alternative NOW
Ein dritter Account ist ebenfalls interessant. Fragen Sie bei der Bank nach dem sogenannten „NOW Account": Der negotiable order or withdrawal account ist eine Mischform aus Giro- und Sparkonto. Die NOW Accounts verlangen ein Mindestguthaben, bieten im Gegenzug jedoch eine Verzinsung Ihres Guthabens.

Der Start in Amerika

Die Gebühren für eine Kreditkarte

Eine Kreditkarte wie die Visa- oder Masterkarte kostet eine jährliche Gebühr. Die Bank gibt Ihnen Auskunft darüber, wie hoch der Betrag ist. Die Preise schwanken und werden ständig verändert, was aber keine Bedeutung für die Höhe Ihrer Zinsen hat.

✸ Kreditwürdigkeit (Credit History)

Vertrauen ist gut, Kontrolle ist besser. So sehen das nicht nur Menschen aus dem Bekanntenkreis, sondern besonders amerikanische Banken sowie Verkäufer, Vermieter und sonstige Dienstleister, von denen Sie etwas möchten.

Eine Credit History (Kreditwürdigkeit) ist entscheidend für jeden weiteren Schritt im neuen Leben. Amerikanische Händler setzen eine positive finanzielle Vergangenheit voraus, wenn sie mit ihnen Geschäfte machen.

Das kann als Neuankömmling in den USA problematisch werden. Kein Mensch in Amerika weiß, wie Ihre finanzielle Vergangenheit ist, außer die ehemalige Bank in Deutschland und das nutzt Ihnen in Amerika wenig.

Als „Mensch ohne Vergangenheit" werden Sie in den kommenden Monaten pünktlich zahlen und die Kreditkarte regelmäßig nutzen müssen. Dieser Weg ist der Beweis dafür, dass Sie kreditwürdig sind.

Ihr Autokauf – finanziert von der Bank - kann Ihnen dabei helfen, die Credit History aufzubauen, indem Sie pünktlich die monatlichen Raten abzahlen, die Ihnen die Bank vorgegeben hat.

Alle aufgenommenen Kredite werden termingerecht zurückbezahlt und Sie erhalten eine durchweg positive Credit History.

Kredit-Agenturen geben Auskunft

Vermieter sowie Autohändler wollen wissen, ob Sie kreditwürdig sind und in der Lage sind, monatliche Beträge zu zahlen. Um Informationen über Ihre Kreditwürdigkeit einzuholen, genügt ein Gespräch mit einer Kredit-Agentur (Credit Reporting Agencies). Jegliche Kreditgeber der USA sind gesetzlich dazu ermächtigt, Ihren Bericht (credit report) einzusehen und ihn zur Entscheidung über Ihre Kreditwürdigkeit heranzuziehen.

Das amerikanische Münzgeld

Die Bezeichnung für amerikanisches Münzgeld müssen Sie kennen. Wenn der Tankwart Sie beim Geldwechsel nach einem Quarter fragt, sind Sie gewappnet. Prägen Sie sich die folgenden vier Ausdrücke für Münzen ein:

Penny............1 Cent	Nickel ....5 Cents
Dime...........10 Cents	Quarter ......25 Cents

Der Start in Amerika

Die Kredit-Agenturen sammeln Informationen über Sie, die in einer Datenbank abgespeichert und als Kreditbericht (credit report) an zukünftige Kreditgeber übermittelt werden. Die Überprüfung Ihrer Kreditwürdigkeit kostet eine Gebühr, dafür bekommt der Kunde jedoch alle Daten, die er zur Einschätzung Ihres Finanzverhaltens braucht.

Die Praxis sieht folgendermaßen aus: Sie möchten Ihr erstes, eigenes Heim kaufen und brauchen einen Kredit von Ihrer Bank. Die Bank wird einen Credit Report beantragen und so erfahren, ob Sie kreditwürdig sind oder sich in den letzten Jahren etwas zuschulden haben kommen lassen. Sollte diese Analyse positiv ausfallen, steht Ihrem Kredit nichts im Weg.

Sollten Sie selbst die eigene Kreditwürdigkeit überprüfen wollen, stehen Ihnen drei Agenturen zur Verfügung: Equifax, Experian und Trans Union. Die meisten nationalen Finanzinstitute erstatten diesen drei Agenturen Bericht über Sie. Es kann vorkommen, dass dieser Bericht bei den Agenturen unterschiedlich ausfällt. Ein regelmäßiger Check ist wichtig!

Angaben im Consumer Credit Report

Ein „Consumer Credit Report" enthält Informationen über Ihre Identität, Ihre Kredite, öffentliche Verfahren und alle Kreditanfragen.

Neben dem Namen, der ehemaligen und aktuellen Adresse, Ihrer Sozialversicherungsnummer, dem Geburtsdatum sowie dem früheren und aktuellen Arbeitgeber wird auch der Name des Ehepartners abgespeichert. Steuerschulden oder Bankrott-Erklärungen werden ebenfalls vermerkt, sowie Berichte Ihrer Vermieter.

Altersversorgung

Abgesicherter Lebensabend

Verschlafen Sie Ihre Altersvorsorge (provision for one's old age) nicht. Jetzt können Sie etwas dafür tun, um im Alter finanziell abgesichert zu sein. Wie in Deutschland wird die gesetzliche Vorsorge durch die Social Security in Amerika nicht ausreichen, um Ihnen Wohlstand und ein Mindestmaß an Lebensqualität in der Zeit Ihres Rentnerdaseins zu garantieren.

In erster Linie sollte Ihnen Ihre Gesundheit am Herzen liegen. Ohne sie sind Sie nichts. Ohne sie können Sie nichts. Und eine Operation kann teurer werden als eine Weltreise. Kümmern Sie sich frühzeitig um eine Vorsorgemaßnahme.

❧ Die Social Security Card

Um in Amerika sesshaft zu werden und später das Rentenalter genießen zu dürfen, ist der Besitz der zeitlich unbegrenzten Aufenthaltsgenehmigung die wichtigste aller Voraussetzungen.

Kurz nach der Einreise müssen Sie die Sozialversicherungskarte (Social Security Card) beantragen. Sie fallen mit einer Aufenthaltsgenehmigung in den USA unter das Sozialversicherungsgesetz (Social Security Act) und haben damit das Recht auf entsprechende Leistungen daraus, wenn es so weit ist.

Als Arbeitnehmer und Selbstständiger benötigen Sie die kleine Karte unter anderem, damit Ihre Abgaben zur Sozialversicherung gewährleistet sind.

Die Social Security Card wird von der Sozialbehörde ausgestellt (Social Security Administration). Die Sozialbehörde verzeichnet anhand der Ihnen zugewiesenen neunstelligen Nummer das Einkommen und Ihre Abgaben im Land. Daraus wird Ihr späterer Rentenanspruch ermittelt.

Leistungen der Sozialversicherung

Die amerikanische Sozialversicherung umfasst die Leistungen Alters-, Hinterbliebenen- und Versehrtenrenten, sowie Arbeitslosen- und Sozialhilfe.

Als weitere Sozialversicherung ist auch die Unfallversicherung wichtig, fällt aber in die Gesetzgebungskompetenz einzelner Bundesstaaten. In diesen Sozialversicherungszweigen bestehen keine einheitlichen Standards, weshalb Sie sich am besten vor Ort informieren.

❧ Die gesetzliche Rente

Da Sie als Arbeitnehmer in den USA in die Social Security eingezahlt haben, haben Sie wie jede Person, die in den Vereinigten Staaten gelebt und gearbeitet hat, Anspruch auf Rente, wenn die Voraussetzungen erfüllt sind.

Abgesicherter Lebensabend

Der grundsätzliche Aufbau der Versicherungssysteme in Deutschland und in den USA ist ähnlich.

Ihr Arbeitgeber führt über die Sozialversicherungsnummer, die Sie als pflichtbewusster Einwanderer nach Einreise beantragt haben, Beiträge an die Rentenkasse ab. Sie als Arbeitnehmer beteiligen sich mit einem Eigenanteil an der monatlichen Beitragszahlung.

Rechnen Sie mit circa 6,2 Prozent des Bruttolohns für die gesetzliche Rentenkasse.

⅋ Private Vorsorgemaßnahmen

Die gesetzliche Altersvorsorge wird nicht ausreichen, um sich den Ruhestand komfortabel und angenehm zu gestalten. Die Rentenversicherung gewährleistet höchstens eine Grundabsicherung.

Als Rentner/-in haben Sie jede Menge Zeit zur Verfügung. Gerade in Amerika wäre es schade, wenn Sie Land und Leute nicht erkunden können, weil Ihnen das nötige Kleingeld fehlt. Schaffen Sie private Rücklagen.

⅋ Die Lebensversicherung

Risikolebensversicherungen (term life assurance) mit Geld-zurück-Garantie sind auf dem US-Markt DER Renner.

Nach Beendigung einer Laufzeit von 15, 20, 25 oder 30 Jahren erhalten Sie als Versicherter Ihre eingezahlte Prämie komplett zurück. Ein weiterer Bonus ist, dass ein Vertrag nicht automatisch mit dem 75. Lebensjahr endet. Sie können den Vertrag ohne neue Gesundheitsprüfung weiterführen, solange Sie das für notwendig halten.

⅋ Der 401k-Plan

Für alle Anlagenpläne (accumulation plans) brauchen Sie Geld. Der 401k-Plan ist ein solcher Anlageplan und kommt in Frage, wenn Sie sich um eine private Vorsorge kümmern wollen und nach einer sinnvollen Option suchen. Der 401k-Plan ist im Kapitel „Arbeit" erwähnt, benötigt aber mehr Platz.

Im Gegensatz zu Deutschland, wo das Pendant Riester-Rente nie einheitlichen Anklang gefunden hat, ist der 401k-Plan für den amerikanischen Arbeitnehmer schon zur Selbstverständlichkeit geworden. Glücklicherweise bieten Firmen den 401k-Plan oft bereitwillig an. Falls nicht, fragen Sie danach.

⅋ Wie der 401k-Vorsorge-Plan funktioniert

Sie als Arbeitnehmer drücken monatlich eine Summe Ihres Bruttogehalts ab. Steuerfrei. Die Summe kann zwischen 1 und 30 Prozent Ihres

Abgesicherter Lebensabend

Gehaltes liegen. Wichtig ist, dass Sie im Jahr nicht über eine Maximalsumme kommen, die sich in regelmäßigen Abständen ändert – für das Jahr 2009 ist ein Wert von maximal 16.500 US-Dollar angegeben.

Wenn Sie einen netten Arbeitgeber haben, unterstützt der Ihren Plan mit Zuschüssen von bis zu 50 Prozent Ihrer Zahlung oder mit bis zu sechs Prozent Ihres Gehalts, das wäre ein toller (steuerfreier) Nebenverdienst.

Das Geld aus beiden Quellen geht an ein privates Investmentunternehmen. Dieses dritte am 401k-Plan beteiligte Unternehmen ist Ihr Vermögensverwalter (plan administrator) und es liegt an Ihnen, was Sie mit dem Geld vorhaben. Entweder Sie legen es in Money Market Fonds an (ähnlich sicher wie Festgeld) oder Sie legen es als Pfandbrief (bond) an. Eine weitere, aber risikoreiche, Option ist das Anlegen in Aktienfonds (equity fund).

Wenn Sie das Geld früher benötigen als vertraglich vereinbart ist, können Sie davon nehmen. Allerdings müssen Sie das Ersparte versteuern und zusätzlich zehn Prozent Strafgebühr (surcharge) bezahlen. Gedacht ist der Plan für eine Auszahlung ab dem Alter um die 60 Jahre.

⅔ Arbeitgeberwechsel oder Bankrott

Der 401k-Plan steht und nun wechseln Sie nach einigen Monaten den Arbeitgeber. Das Geld aus dem 401k-Plan bleibt Ihnen erhalten.

Sie haben die Möglichkeit, den Plan mit Ihrem neuen Arbeitgeber weiterzuführen. Oder Sie basteln sich einen neuen 401k-Plan und übertragen den alten Plan auf das Konto des neuen Plans (roll-over).

Was, wenn Ihr Arbeitgeber pleite ist und Sie auf der Straße landen? Sie sind auf der sicheren Seite. Der 401k-Plan ist immer noch da und wartet auf Ihr Kommando. Sie können Ihren Plan auflösen, weiterführen oder umorganisieren. Das Geld ist ja über einen dritten Anbieter verwaltet.

⅔ Der IRA-Plan

Neben dem 401k-Plan gibt es weitere private Anlagemöglichkeiten wie zum Beispiel den IRA-Plan (Individual Retirement Account).

Es existieren verschiedene IRA-Pläne, einer ist der Roth-IRA-Plan, dessen Namensgeber ein Senator William V. Roth ist. In den Roth-IRA-Plan zahlen Sie (nicht Ihr Arbeitgeber!) jährlich eine versteuerte Summe ein.

Anders als beim 401k-Plan können Sie für bestimmte Auslagen (Studiengebühren oder medizinische Behandlungskosten) nach fünf Jahren der Einzahlung bis zu 10.000 US-Dollar Gespartes aus dem Topf nehmen. Vorteil ist, dass diese Summe nicht mehr versteuert werden muss. Das haben Sie vor der Einzahlung bereits getan.

Abgesicherter Lebensabend

Vorgaben und Regeln hierfür kann Ihnen ein Fachmann der Bank oder ein Spezialist (discount broker) erläutern. Besonders im Rahmen des IRA-Plans kann Hilfe vonnutzen sein, wenn Sie in Aktien oder Wertpapiere investieren. Der Finanzberater rechnet Ihnen aus, wie viel Geld Sie erhalten, wenn es zur Auszahlung kommt.

❧ Soziale Hilfe

Die sozialen Hilfen der USA (social benefits) sind wesentlicher Bestandteil des sozialen Sicherungssystems. Im Unterschied zur deutschen Sozialhilfe setzen sie sich aus einer Vielzahl von Bundes-, Länder- und Kommunalprogrammen zusammen. Grob umrissen existieren vier nationale, bedarfsgeprüfte, steuerfinanzierte und zielgruppenbezogene Sozialhilfeprogramme:

» „Temporary Assistance for Needy Families" (TANF)
  bietet finanzielle Hilfe für alleinerziehende Mütter mit Kindern

» „Supplement Security Income" (SSI)
  stellt finanzielle Mittel für bedürftige Menschen im Alter oder mit Behinderung bereit.

» „Food-Stamps-Program"
  stellt Lebensmittelhilfen für bedürftige Familien zur Verfügung.

» „Medicaid"
  gewährleistet eine minimale Krankenversorgung für Arme.

Alle Sozialhilfeprogramme werden durch Maßnahmen von Bundesstaaten und Kommunen ergänzt. Arbeitende, aber einkommensschwache Familien erhalten Steuerermäßigungen (earned income tax credit).

❧ Rente aus Deutschland

Auch wenn sich Deutschland und Amerika nicht immer grün sind, haben die beiden Länder etwas Wunderbares gemeinsam zustande gebracht, das Ihnen jetzt als Einwanderer zugute kommt.
Das deutsch-amerikanische Rentenabkommen sichert Ihnen als in Amerika lebende Person die Rentenanwartschaft zu, die Sie in Deutschland einmal erworben haben. Auch wenn Sie in den USA leben und arbeiten, wird Ihnen die Einzahlungszeit in die amerikanische Rentenversicherung (Social Security) auf die deutsche Beitragszeit angerechnet.

Im Klartext bedeutet das eine Zusammenlegung der Rentenbeiträge. Kindererziehungszeiten, die außerhalb von Deutschland geleistet wurden, werden aber nicht dabei berücksichtigt.

Der Roth IRA ist nicht für Jedermann

Leider darf nicht jeder Mensch in den Roth-IRA-Plan investieren. Nach neuesten Informationen für 2009 dürfen Sie als Single nicht mehr als 99.000 US-Dollar im Jahr verdienen und als Ehepaar nicht auf einen höheren Betrag von 166.000 US-Dollar jährlich kommen, wenn Sie den Plan nutzen möchten.

Abgesicherter Lebensabend

❧ Kein Verlust der Rentenansprüche

Sie verlieren keinerlei Rentenansprüche, wenn Sie Deutschland den Rücken kehren. Sie müssen die Rente allerdings, wie Ihr Einkommen auch, in den Staaten versteuern.

Die Steuersätze in Amerika sind glücklicherweise niedriger als in Deutschland. Im Alter wird Ihnen die Rente aus Deutschland und Amerika auf Ihr Konto überwiesen.

Fallbeispiel

Sie haben 30 Jahre in Deutschland gearbeitet und in die Rentenversicherung eingezahlt. Nun werden Sie 20 Jahre lang in den USA arbeiten und einzahlen. Wie errechnet sich daraus Ihre zukünftige Rente? Beide Länder zahlen erst ab 50 Jahre Renteneinzahlung aus der Kasse aus.

Der US-Sozialversicherungsträger rechnet die 30 Jahre Einzahlung in Deutschland an und kommt somit schon nach 20 Jahren Einzahlung in den USA auf 50 Jahre Gesamt-Einzahlung.

Auch der deutsche Sozialversicherungsträger berücksichtigt die 20 Jahre Einzahlung in den USA.

Jedes Land bezahlt demnach die eigene Rente nach den eigenen Rechtsvorschriften für die jeweils eingezahlte Zeit – Sie bekommen Ihre Rente für 30 Jahre aus Deutschland und für 20 Jahre aus den USA.

Vokabeln

Die wichtigsten Vokabeln

Ob es bei der Einwanderung oder bei Ihrem ersten Arztbesuch ist, beim Supermarkteinkauf oder im alltäglichen Leben: Sie werden im neuen Land in US-Englisch kommunizieren müssen. Da muss Ihr Wortschatz mehr hergeben als die Höflichkeitsfloskel „How are you" und „Thanks". Ich habe Ihnen die wichtigsten Vokabeln zusammengestellt, damit Sie nachschlagen können, wenn Sie – besonders in der ersten Zeit nach Ihrer Einreise in die Staaten – nach Worten ringen werden.

⅔ Einwanderung – immigration

Deutsch	Amerikanisches Englisch
Aufenthaltsgenehmigung	Residence, authorization, green card
Aufenthaltsort (Wohnsitz)	Residence, abode
Auswandern	to emigrate
Botschaft	embassy
Bürger	citizen
Durch den Zoll gehen	to go through customs
Verzollt/unverzollt	duty paid, unpaid
Grenze	Border, frontier
Meldepflicht	compulsary registration
Muttersprache	native language
Postleitzahl	ZIP, postal code
Regierung	government, Administration
Visum	visa

Deutsch	Amerikanisches Englisch
Wahl	election
Wählen	to vote
Wahlrecht	voting rights/suffrage

⅔ Medizinische Versorgung - medical care

Deutsch	Amerikanisches Englisch
Ansteckende Krankheit	contagious disease
Apotheke	drugstore, pharmacy
Arzt	doctor, physician
Gesundheitszentrum	health care center
Kopfschmerzen	headache
Notruf	Emergency call
Rezept	prescription
schmerzen, weh tun	to hurt, to ache
Sozialversicherungskarte	social security card
Unfall	accident
Zahnarzt	dentist

⅔ Arbeiten / Bewerben – Workings / Application

Deutsch	Amerikanisches Englisch
Angestellter	employee
Arbeitgeber	employer
Arbeitslos sein	to be unemployed, to be out of work

Die wichtigsten Vokabeln

Deutsch	Amerikanisches Englisch
Ausbildung	training
Beruf (allgemein)	job
Beruf (im Handwerk)	trade
Bewerbung	application
Eine feste Stelle	a regular job
Freie Stelle	vacancy
Gehalt	salary
Jemanden kündigen	to give somebody notice, to dismiss/fire somebody
(selbst) kündigen	to quit, to resign
Kündigungsfrist	period of notice
Lebenslauf	resume, curriculum vitae (CV)
Sich um eine Stelle bewerben	to apply for a job
Teilzeitarbeit	a part-time job
Überstunden machen	to work overtime
Vollzeitarbeit	a full-time job
Vorstellungsgespräch	a full-time job
Vorstellungsgespräch	job interview

⚥ Heiraten /Familie / Kinder – marriage / family / children

Deutsch	Amerikanisches Englisch
Ältere(r) Schwester/ Bruder	elder sister/brother
Ehefrau	wife
Ehemann	husband
Eltern	parents

Deutsch	Amerikanisches Englisch
Erwachsener	adult
Erziehen	to bring up
Geschieden sein	to be divorced
Hochzeit	wedding
Kind	child, kid (umgangssprachlich)
Schwiegermutter	mother-in-law
Schwiegervater	father-in-law
Verheiratet sein	to be married
Verlobt sein	to be engaged
Verlobte / Verlobter	fiancée / fiancé
Vormund	guardian

⚥ Unterwegs – en route

Deutsch	Amerikanisches Englisch
Automatikgetriebe	automatic gearbox
Autovermietung	car hire, car rental
Autowerkstatt	garage
Benzin	gas
Bushaltestelle	bus station, bus stop
Ein Auto mieten	to hire a car
Fahrkarte	ticket
Gangschaltung	gearshift
Geschwindigkeits begrenzung	speed limit
Handschuhfach	glove box, glove locker
Luftdruck	air pressure
Straßenbahn	street car, trolley
Tankstelle	gas station
unleaded	unverbleit

Die wichtigsten Vokabeln

⚘ Finanzen - finances

Deutsch	Amerikanisches Englisch
Bankautomat	ATM, cash machine
Bankkonto	bank account
Barzahlung	cash payment
Kontoüberziehung	overdraft
Quittung	receipt
Rechnung	invoice
Überweisung	transfer/remittance

⚘ Wohnen - living

Deutsch	Amerikanisches Englisch
Badezimmer	bathroom
Eine Wohnung / ein Haus mieten	to rent an apartment / a house
Geschirrspüler	dishwasher
Grill	barbecue
Internet	internet, The Net
Küche	kitchen
Kühlschrank	refrigerator, fridge
Schlafzimmer	bedroom
Wohnzimmer	living room

⚘ Schule - school

Deutsch	Amerikanisches Englisch
Biologie	Biology
Chemie	Chemistry
Ethik	Ethics
Gemeinschafts-/ Sozialkunde	Social Studies
Hauswirtschaft	Home Economics
Mathematik	Maths
Musik	Music
(Natur-)wissenschaft	Science
Physik	Physics
Religion	Religious Education/ Rel. Instruction
Sport	Physical Education
Wirtschaft	Economics

⚘ Alltag – everyday life

Deutsch	Amerikanisches Englisch
Bratpfanne	skillet, frypan
Bücherei	library
Datum	date
Kleidung	clothes, clothing
Klimaanlage	air conditioning
Kochtopf	cooking pot
Kugelschreiber	ball pen
Müll	garbage, waste
Post	post office
Schere	scissors
Telefon	(tele)phone
Videothek	video (rental) store
Zahlen	figures
Zeitung	newspaper

Die wichtigsten Vokabeln

❧ **Im Restaurant – in the restaurant**

Deutsch	Amerikanisches Englisch
Alkoholfreie Getränke	soft drinks
Bedienung inklusive	service included
Beilagen	Sides (Side orders)
Brunch	Brunch (Breakfast & Lunch)
Das geht auf mich.	This is on me.
Die Speisekarte, bitte.	The menu, please.
Empfehlung des Tages	today's spezial
Gabel	fork
Getränke	Drinks, Beverages
Hauptgang	Main course
Heiße Getränke	Hot drinks
Huhn	chicken
Kartoffelpüree	mashed potatoes
Kleine/große Portion	small/large plate
Kotelett	chop
Limonade	soda
Löffel	spoon
Meeresfrüchte	seafood
Mehrwertsteuer	VAT (value-added tax)
Messer	knife
Muscheln	mussels
Nachspeise	dessert
Offene Weine (weiß, rosé, rot)	Wine by the glass (white, rosé,/blush,red)
Pommes	French Fries
Raucherbereich	smoking area
Rechnung	check
Rindfleisch	beef
Salat	salad
Schweinefleisch	pork
Sekt	sparkling
Wein	wine
Suppe	soup

Die wichtigsten Vokabeln

Deutsch	Amerikanisches Englisch
Toilette	restroom
Trinkgeld	Tip
Vorspeisen	Starters, Hors doeuvres, appetizers
Was empfehlen sie?	What can you recommend?
Wasser in Flaschen	bottled water

❧ Versicherungen - insurances

Deutsch	Amerikanisches Englisch
Altersvorsorge	retirement provisions
Versicherung	insurance
Haftpflichtversicherung	liability insurance
Lebensversicherung	life insurance
Krankenversicherung	health insurance
Autoversicherung	car insurance
Rentenversicherung	pension fund, annuity assurance

❧ Einkaufen - Shopping

Deutsch	Amerikanisches Englisch
Aubergine	egg plant
Birne	pear
Blumenkohl	cauliflower
Champignon	mushroom
Einkaufswagen	cart, caddy
Gurke	cucumber
Knoblauch	garlic
Petersilie	parsley
Weintraube	grape
Zwiebel	onion

❧ Gefühle - senses

Deutsch	Amerikanisches Englisch
Aufgeregt	excited
Ehrlich	honest
Einsam	lonely
Enttäuscht	disappointed
Erfreut	pleased
Ernst	serious
Erschöpft	exhausted
Freundlich	pleasant, friendly
Glücklich	happy
Misstrauisch	suspicious
Nervös	nervous
Neugierig	curious
Optimistisch	optimistic
Stolz sein auf	to be proud of
Traurig	sad
Überrascht	surprised
Unschuldig	innocent
Verdutzt	puzzled
Verkatert	hangover
Vernünftig	sensible
Vorsichtig	careful, cautious
Zufrieden	satisfied
Zuversichtlich	confident

echt kabeleins

Anlaufstellen

Nützliche Adressen und Internetseiten

Schon für die Vorbereitungen aus Deutschland und auch für die ersten Tage im Traumland sind Anlaufstellen sehr wichtig. Damit Sie sich durch den Wust von Adressen nicht wühlen und im Internet oder in einschlägigen Publikationen suchen müssen, habe ich Ihnen in diesem letzten Kapitel die interessantesten und wichtigsten postalischen und Internet-Adressen zusammengestellt.

⚓ Anlaufstellen und Verbände

Verband der Deutsch-Amerikanischen Clubs

Der Verband und die ihm angeschlossenen Clubs engagieren sich seit über 50 Jahren für die Förderung der deutsch-amerikanischen Freundschaft. Dem Verband gehören 30 lokale Clubs in ganz Deutschland, unter anderem in Berlin der „Atlantische Initiative e.V.", in Bielefeld der „Deutsch-Amerikanische Gesellschaft Ostwestfalen-Lippe e.V.", der „Deutsch-Amerikanischer Club Koblenz e.V.", der „Stuttgarter Deutsch-Amerikanischer Club 1948" oder für Studenten deutschlandweit der „Deutsch-Amerikanische Austauschstudenten-Club", an.

» Menzelstr. 44
47053 Duisburg
www.vdac.de

Inwent

„Internationale Weiterbildung und Entwicklung GmbH" ist ein weltweit tätiges Unternehmen für Personalentwicklung, Weiterbildung und Dialog.

» Friedrich-Ebert-Allee 40
53113 Bonn
Postfach 12 06 23
53048 Bonn
www.cdg.de und
www.inwent.org/usappp

Deutscher Akademischer Austauschdienst (DAAD)

Sie möchten im Ausland forschen, studieren oder als Lektor oder Dozent arbeiten? Hier finden Sie wichtige Informationen und Fördermöglichkeiten, auch für Praktika.

» Geschäftsstelle Bonn-Bad Godesberg
Deutscher Akademischer Austauschdienst
Kennedyallee 50
53175 Bonn
Postfach 20 04 04
53134 Bonn
Tel.: (0228) 882-0
E-Mail: postmaster@daad.de

Nützliche Adressen und Internetseiten

Experiment e.V.

Experiment e.V. ist eine gemeinnützige Organisation, die sich den Austausch zwischen Menschen aller Kulturen, Religionen und Altersgruppen zum Ziel gesetzt hat. Indem sie das Zusammenleben von Menschen verschiedener Herkunft ermöglichen, wollen sie zum gegenseitigen Verständnis und dem friedlichen Miteinander der Kulturen beitragen.

» Gluckstrasse 1
53115 Bonn
www.experiment-ev.de

Fulbright-Kommission

Studieren, lehren oder forschen in den USA.

» Oranienburger Straße 13-14
10178 Berlin

GIVE Gesellschaft für Internationale Verständigung mbH

„GIVE" ist ein anerkanntes Mitglied im DFH, dem „Deutscher Fachverband High School e.V." Hier bestehen strengste Prüf- und Qualitätsvorschriften, die für einen erfolgreichen Highschool-Aufenthalt entscheidend sind.

» In der Neckarhelle 127 a
69118 Heidelberg
E-Mail: info@give-highschool.de
www.give-highschool.de

Open Door Student Exchange e.V.

Praktika, Sprachreisen, „Work and Travel" und mehr.

» Open Door International (ODI)
Thürmchenswall 69
50668 Köln
www.opendoorinternational.de

Firmengründung, Greencard, Steuerberater, Visa, Häuser, Reisen und andere Themen

» www.unitedstates.de

⚒ Arbeiten in den USA

⚒ Bewerbungshilfe

» World Education Service
P.O. Box 745
Old Chelsea Station
New York, New York 10113-0745
Tel. 001-212-996-6311
Fax 001-212-966-6395
E-Mail: nywes@cunyvm.cuny.edu

» Educational Credential Evaluators
P.O. Box 92970
Milwaukee, Wisconsin 53202-0970
Tel. 001-414-289-3400
Fax 001-414-289-3411
E-Mail: eval@ece-host.mhs.compuserve.com

Nützliche Adressen und Internetseiten

» Foundation for International Service
Queen Anne Square, Suite 503
Seattle, Washington 98119
Tel. 001-206-298-0171
Fax 001-206-298-0173
E-Mail: fis@bix.com

❧ Hilfe bei der Erstellung des amerikanischen Lebenslaufes

» www.jobs.com

❧ Annerkennung Beruf/Ausbildung

» U.S. Network for Education Information
Verzeichnis relevanter Institutionen, die
Anerkennung von Abschlüssen durchführen.
www.ed.gov

» America's Career Infonet (ACINET)
www.careeronestop.org

» National Association of Credential Evaluation Services
Verband privater Anbieter, die Abschlüsse
und Studienleistungen evaluieren, die
außerhalb der USA erworben wurden.
www.naces.org

» Educational Commission for Foreign
Medical Graduates (ECFMG)
Zertifizierungsprogramm für medizinische Berufe/Ärzte
www.ecfmg.org

» World Education Services
www.wes.org

» The ENIC Network (European Network
of Information Centres) und The NARIC
Network (National Academic Recognition Information Centres)
www.enic-naric.net

❧ Anerkennung von Diplom und sonstigen Zertifikaten

» www.anabin.de

» Infoportal zu Jobs und Praktika
www.career-contact.net

❧ Informationen für bestimmte Berufsgruppen

» Bereich Medizin/Pflege
www.physemp.com

» Zahnärzte
American Dental Association (ADA)
www.ada.org/prof/prac/licensure/us.asp

» Internationale Ärzte
American Medical Association
www.ama-assn.org

» Chemiker, Biochemiker, Wissenschaftler
aus dem Pharmabereich
www.chemjobs.com

» Trucker
www.protruckeronline.com

Nützliche Adressen und Internetseiten

» Internationale Krankenschwestern
Commission on Graduates of Foreign
Nursing Schools
www.cgfns.org

» Fachleute der Computer- oder Informationstechnologie
www.computerjobs.com

» Internetprogrammierer
www.actualjobs.com

» Job-Börse der staatlichen Arbeitsvermittlung
www.ajb.dni.us

» Jobbörsen
www.careerbuilder.com
www.chronicle.com
www.careerpath.com
www.careermosaic.com
www.coolworks.com
www.headhunter.net
www.jobtrak.com
www.betterjobnetwork.com
www.employmenttodayonline.com
www.nationjob.com
www.jobbankinfo.org
www.jobsafari.com
www.jobstart.com
www.jobweb.org

⁂ Praktikumsmöglichkeiten in den USA

⁂ Deutsche Außenhandelskammern

» www.ahk.de

» World-Wide Opportunities on Organic Farms
www.wwoof.org

» Praktika.de
www.praktika.de

» Goethe-Institute
www.goethe-institut.de

⁂ Löhne und Gehälter

» www.salary.com

» www.salariesreview.com

» Occupational Outlook Handbook 2008/09
Das Handbuch enthält Adressen und Informationen zu mehr als 200 Berufsbildern.
http://stats.bls.gov/oco

» 2008/09 Career Guide to Industries:
Dieser Führer bietet nach Industriezweigen gegliedert Informationen zu einzelnen

Nützliche Adressen und Internetseiten

Berufen einschließlich der Beschreibung von Arbeitsbedingungen, Ausbildungswegen, Entwicklungen und Durchschnittsgehältern. Der „Career Guide" ergänzt das „Occupational Outlook Handbook"
www.bls.gov/oco/cg/home.htm

❧ Tageszeitungen zur Stellensuche

» Financial Times: www.ft.com

» Los Angeles Times: www.latimes.com

» New York Times: www.nytimes.com

» USA Today: www.usatoday.com

» Wall Street Journal:
ww.careerjournal.com

» Washington Post:
www.washingtonpost.com

❧ Verzeichnis von US-Internetseiten zum Thema Arbeitssuche.

» www.dmoz.org/Business/Employment/

Zentralstelle für internationale Arbeitsvermittlung

Die „Zentrale Auslands- und Fachvermittlung" (ZAV) der Bundesagentur für Arbeit bietet vor allem Informations-, Beratungs- und Vermittlungsdienstleistungen für Arbeitnehmer und Arbeitgeber. Die Auslandsvermittlung der ZAV führt regelmäßig Veranstaltungen zum Thema „Arbeiten im Ausland" durch. Auf den Jobbörsen präsentieren sich Arbeitgeber mit ihren Stellenangeboten.

» Info-Center der ZAV: 0228 / 713 13 13
E-Mail:
zav-auslandsvermittlung@arbeitsagentur.de
www.ba-auslandsvermittlung.de

❧ Auswandern

Raphaels-Werk

Beratung für Auswanderer in 26 deutschen Städten

» Adenauerallee 41
20097 Hamburg
Tel.: 040/248442-0
E-Mail: kontakt@raphaels-werk.de
www.raphaels-werk.de

Nützliche Adressen und Internetseiten

Deutsches Rotes Kreuz

DRK-Beratungsstelle für Auslandstätige &
Auswanderer

» Postfach 600564
  14405 Potsdam
  www.drk.de

Diakonisches Werk

Beratungsstellen für Auswanderer in 8 deutschen Städten

» Rautenbergstr.11
  20099 Hamburg
  www.diakonie.de

Allgemeine Auswanderer-Beratung

» www.ausgewandert.com
  www.usatipps.de
  www.us-infos.de

⚑ Einwanderungshelfer

» usimmigration.visapro.com
  www.saculbreathlaw.com

» Ausgewanderte, die Ihnen Hilfe anbieten
  www.immigrationshilfe.camp9.org

⚑ Auto

⚑ Autobewertung

» www.schwacke.de

⚑ Autocheck und Pannenhilfe

» AAA
  Das amerikanische ADAC-Pendant:
  www.aaa.com

» Carfax
  www.carfax.com

⚑ Autokauf

» Kelley Blue Book
  www.kbb.com

» Yahoo
  autos.yahoo.de

» TransAtlantic Automobile
  Anita und Thomas Hanni
  12370 San Fernando Rd.
  Sylmar, CA 91342
  www.transatlantic-rv.com

⚑ Autovermietung

» Rentalcars
  www.rentalcars.com

Nützliche Adressen und Internetseiten

❧ Autoversicherung

» American International Underwriters
GmbH
Oberlindau 76 – 78
60323 Frankfurt
www.aiu.com

» Tour Insure GmbH
Carl Petersen Str. 4
20535 Hamburg
www.tourinsure.de

❧ Führerschein in den USA

» golocalnet.net/drive

» US-Verkehrs-Ministerium
www.dot.gov

❧ Botschaften und Konsulate

Amerikanische Botschaft Berlin

Informationen zu Visa, Handel und Wirtschaft,
Investment und vielem mehr

» Clayallee 170
14195 Berlin
german.germany.usembassy.gov/

General-Konsulat der USA in Frankfurt am Main

» Visa-Informationen und mehr
Visa-Hotline (von Deutschland aus):
0900 1-850055 (€1,86/Min)

» U.S. Consulate General Frankfurt
Gießener Str. 30
60435 Frankfurt am Main
frankfurt.usconsulate.gov

Amerikanisches Generalkonsulat München

» Königinstraße 5
80539 München
Tel: (089) 2888-0
Fax: (089) 280-9998
german.munich.usconsulate.gov

❧ Bus und Bahn

» US-Bahnunternehmen Amtrak
www.amtrak.com

» US-Busunternehmen Greyhound
www.greyhound.com

❧ Einwanderung

» Außenministerium der USA
www.state.gov

Nützliche Adressen und Internetseiten

» US-Einwanderungsministerium
www.uscis.gov/portal/site/uscis

» U.S. Department of Transportation
(DOT)
Director of the Office of Vehicle Safety
Compliance
400 7th Street, SW
Washington, DC 20590, USA
www.dot.gov

⚙ Gemeinnützige Organisationen

» German-American Heritage Foundation
of the USA
1901 Pennsylvania Avenue, NW
Suite 600
Washington, DC 20006
Toll-free 1 (866) 868-8422

» U.S. Chamber of Commerce
1615 H Street, NW
Washington, DC 20062-2000
Main Number: 202-659-6000
Customer Service: 1-800-638-6582

» Deutschsprachiger Informationsservice
über USA
www.us-infos.de

» Feuerwehr
Verzeichnis der Fire Departments in den
USA
www.firedepartments.net

» Gelbe Seiten USA
www.bigbook.com
www.bigyellow.com
www.whitepages.com
www.switchboard.com

⚙ Gesundheit

» Robert-Koch-Institut
Postfach 65 02 61
D-13302 Berlin
www.rki.de

» Krankenversicherung Deutschland und
USA
www.dvka.de

» Agency for Healthcare Research and
Quality
Detaillierte Infos zu amerikanischen
Krankenversicherungsgepflogenheiten
www.ahcpr.gov/

» Deutsche Rentenversicherung Bund
www.deutsche-rentenversicherung-bun
d.de

⚙ Heiraten in Amerika

» www.engagepage.com

Nützliche Adressen und Internetseiten

Hawaii

» Marriage License Bureau Honolulu
State Department of Health
1250 Punchbowl Street
Honolulu, Hawaii 96813
Tel.: 001-808-5864545

Las Vegas

» www.visitlasvegas.com

» Clark County Court House
Marriage License Bureau
200 South 3rd Street
Las Vegas NV 89155
Tel. (702) 455-4415

Beglaubigung

» Consul of the Federal Republic of Germany
925 East Desert Inn Road, Suite C
Las Vegas NV 89109
Tel.: (702)73 4-9700
Fax (702) 735 4692

Immobilien

» www.move.com

Kultur

» Deutsch-Amerikanisches Kulturinstitut
www.ahk-usa.com

» Amerikahaus München
www.amerikahaus.de

» Museen in Amerika
www.museumlink.com
www.artmuseumnetwork.com
www.galleryguide.org
www.culturefinder.com

Polizei

» Verzeichnis der Police Departments in den USA
www.usacops.com

Rechtsbeistand

Kanzlei „Prado & Associates" / „Fella & Kollege"

„Prado & Associates" führt in Gemeinschaft mit „Fella & Kollege" in Deutschland eine US-amerikanische Anwaltskanzlei in San Diego, CA.

» 4659 Texas Street, Ste #5
San Diego, Ca 92116-2947
www.pradolaw.com
E-Mail: info@pradolaw.com

echt kabeleins

Nützliche Adressen und Internetseiten

Hemming & Richter Rechtsanwälte

Die Kanzlei ist spezialisiert auf deutsches und amerikanisches Erbrecht, Familienrecht und Gesellschaftsrecht, vor allem steuerliche Aspekte. Das Angebot richtet sich an Privatpersonen und mittelständische Unternehmen. www.hemming-law.de

» Büro Stuttgart:
  Feuerseeplatz
  570176 Stuttgart
  Tel.: +49 711 615 3353

» Büro Los Angeles:
  13101 Washington Blvd,
  Suite 435
  L.A. , CA 90066
  Tel.: +1 310 9336270
  Email: mail@hemming-law.de

Deutschsprachige Anwälte, Steuerberater und Wirtschaftsprüfer weltweit

» www.iurweb.net/rechtsanwalt/land/USA/
  Germany.info

Deutschsprachige Anwälte in den USA

» www.germany.info/Vertretung/usa/
  de/01__Botschaft/Washington/03/Anwa-
  elte__Uebersetzer.html

⅏ Steuern und Steuerrecht

» www.irs.gov
  www.taxsites.com/

» U.S. Internal Revenue Service (IRS)
  US-Generalkonsulat Frankfurt
  Gießener Str. 30
  60435 Frankfurt am Main
  Email: IRS.Frankfurt@irs.gov

⅏ Arbeits- und Wirtschaftsrecht

» www.smallbusiness.findlaw.com

» www.dol.gov

⅏ Studium in den USA

» Edupass – Infos für Studierende
  www.edupass.org

» Informationen über Studienmöglichkeiten
  TOEFL- und SAT-Tests et cetera
  www.educationusa.de

» Infos zu BAföG für Schüler, Praktikanten
  und Studenten in den USA
  www.bafoeg.bmbf.de

Nützliche Adressen und Internetseiten

❧ Telefonauskunft international

» www.teldir.com/eng/

❧ Wetter und Sturm-, Brand- und Flutwarnungen

» www.weather.com www.nhc.noaa.gov

» www.weather.gov

❧ Wirtschaft - Internetadressen

» www.businessweek.com

» www.mediainfo.com

» www.bizjournals.com

» www.bloomberg.com

» www.businesswire.com

» www.prnewswire.com

» money.cnn.com

❧ Zeitzonen-Umrechner

» www.timezoneconverter.com

❧ Zoll USA

» www.ice.gov

❧ Transportspezialisten

Zahlreiche Transportunternehmen haben sich auf Umzüge in die USA spezialisiert. Ich biete Ihnen eine kleine Auswahl, deren Homepage Sie sich bei Interesse in Ruhe ansehen können.

» Interdean (Berlin)
www.interdean.com

» Crosstrans (Bremerhaven)
www.crosstrans.de

» Pro-Trans (Würzburg)
www.pro-trans.de

» Brauns International (Bremerhaven)
www.brauns-international.de

» World Cargo (Karlsruhe)
Seefrachten weltweit
www.world-cargo.de

» Panamerican (Darmstadt)
Neben Transportangeboten gibt es hier nützliche Infos zu Zollvorschriften oder Links zu Auswandererforen
www.panamericantransport.com

Index

Stichwortverzeichnis

Stichwortverzeichnis

Stichwortverzeichnis

Stichwortverzeichnis

Stichwortverzeichnis

Stichwortverzeichnis

So bleibt ein Billigflug auch
wirklich billig!

Das breite Angebot der günstigen Flüge erschwert die Übersichtlichkeit zunehmend. Die Folge: Der Billigfliegermarkt ist intransparent. Nicht selten erweist sich manches Super-Schnäppchen am Ende als teurer Lockvogel. Wie und wo finden Passagiere die wirklich günstigste Verbindung? Mit welchen zusätzlichen Kosten müssen Reisende rechnen? Welche Serviceleistungen sind zu erwarten, worauf muss verzichtet werden? Und vor allem: Wie sicher sind die Discounter der Luftfahrt?

» Durchschauen Sie den Tarifdschungel der Billigflieger
» So finden Sie die günstigsten Flüge
» Keine Überraschungen mehr durch versteckte Zusatzkosten

Erhältlich in Ihrer Buchhandlung

Auswandern nach Kanada?
Tipps von A wie Anreise bis Z wie Zoll!

Das Land im Norden Amerikas besticht durch seine Weite, schneebedeckte Berge und freundliche Menschen. Obwohl Kanada sehr europäisch wirkt, gilt es, die kulturellen, gesellschaftlichen und wirtschaftlichen Unterschiede zu verstehen und sich darauf einzustellen. Wer über den Atlantik auswandern möchte, muss eine Portion Eigeninitiative entwickeln. Dieser Ratgeber begleitet Sie von Anfang an bei dem Vorhaben, ein neues Leben in Kanada zu beginnen. Sie finden wichtige Informationen über die notwendigen Formalitäten, über den Arbeitsmarkt und die Besonderheiten auf dem Immobilien-Sektor für Miet- und Kaufobjekte. Die Tipps für die Zeit vor der Ausreise geben einen Überblick zu den Einreise- und Zollbestimmungen und beruhen auf praktischen Erfahrungen. Ob Trucker, Holzfäller, Banker oder Sekretärin – mit „Mein neues Leben – Kanada" erhalten Sie alle notwendigen Informationen für den Start in Ihr neues Leben im Land mit dem Ahornblatt als Wahrzeichen.

Erhältlich in Ihrer Buchhandlung

Mein neues Leben - Kanada
Der Ratgeber zum Einwandern, Leben und Arbeiten in Kanada

nur
14,90 EUR

ISBN: 978-3-86551-152-2